田園教育手記

劉玉宏題

刘玉宏　中国社会科学院文学研究所党委书记

田园教育手记

卢加强 著

中国文联出版社

图书在版编目（CIP）数据

田园教育手记 / 卢加强著. -- 北京 : 中国文联出版社，2025. 1. -- ISBN 978-7-5190-5629-2

Ⅰ. G522.3

中国国家版本馆CIP数据核字第2024TV7380号

作　　者　卢加强
责任编辑　张凯默　邢舒然
责任校对　秀点校对
封面设计　陈佳怡

出版发行　中国文联出版社有限公司
社　　址　北京市朝阳区农展馆南里10号　　邮编：100125
电　　话　010-85923025（发行部）　010-85923091（总编室）
经　　销　全国新华书店等
印　　刷　三河市龙大印装有限公司

开　　本　880毫米×1230毫米　1/32
印　　张　11.5
字　　数　202千字
版　　次　2025年1月第1版第1次印刷
定　　价　48.00元

《田园教育手记》序

李行健

《田园教育手记》是一部独特的教育笔记，是一位父亲20多年时间里，以家长身份陪伴孩子生活、学习过程中的思考、心得；是一位艺术家、一位作家、一名社科学者对青少年儿童心理活动和身心发展细致入微的体察、感悟；是一个教育者对当下教育在古今中外时空维度的系统性探究。从幼儿园到小学的陪伴，从自家孩子到社区孩子的陪伴，卢加强博士先后建起了“田园牧歌书院”家长群，“少年中国行”游学群，引领一批志同道合的家长，努力探寻田园教育因材施教的路子。

老子说：“道法自然。”庄子说：“天地有大美而不言。”从卢梭的自然教育到陶行知的生活教育，从裴斯泰洛齐的生产教育到晏阳初的乡村教育，有关青少年的教育理论不断发展创新，近年中国田园牧歌理论倡议践行者卢加强博士，提出并践行了田园教育，他说："田园是生命的源泉，是童年的乐土，是诗意的远方，是开放的图书馆……是日月星辰、大地万物充满爱与活力的大家园。"他及其家长圈的田园教育实践，让一批优秀的孩子，在田园中放飞自我，合奏出一曲"少年中国行"的童年赞歌。

《田园教育手记》中的100多篇文章，每一篇都是在具体育儿的实践过程中创作下来的，既涉及孩子的心理、心智成长的科学，又涉及孩子德性、品格、精神的培养；既涉及孩子兴趣习惯的养成，又涉及数学美学语文素养的提升；既涉及田园耕作田园游乐对体质的锻炼、心性的开启，又涉及田园诗意、田园数学、田园科学、田园英语戏剧对知识的启蒙与熏陶。其中不少经验性、操作性文章，对当下中国家长极具参考、启发、指导意义。

难能可贵的是，卢加强博士深知教育强则国强，民族伟大复兴必须是大批卓越人才活跃于时代大舞台，卓越人才涌现首先必须是教育振兴。我们家长这么辛苦，我们国家这么投入，我们孩子这么用功，为什么我们教育却培养不出大师？钱学森之问一直回响在他耳边，萦绕在他心中。他尝试用自己的探索、勇气、创新，为回答钱学森之问，蹚出一串脚印，透来一束光亮。

在落实义务教育"双减"政策、积极鼓励研学实训、教育助力乡村振兴的大背景下，《田园教育手记》的出版，无疑是及时雨，对每一位家长或教育工作者来说，无疑是一次深情又而深刻的谈心。

李行健

原语文出版社社长，

教育部语言文字应用研究所研究员

教育，在希望的田野上

唐小平

我和卢加强君，是老乡，是朋友，更是同道。对教育的积弊，我俩有同样的剧痛，痛心疾首；对教育的改革，我俩有同样的热望，望眼欲穿。然半生沉浮匆匆而过，惺惺相惜的同道却不能手手相牵地同行。苍天见怜，近几年实践教育春风劲吹，两位热血中年顺势而为，终于一举完成了由同道向同行的跃升。其大作《田园教育手记》即将出版之际，除了向他衷心地祝贺之外，我很乐意与读者朋友分享自己对加强兄及其田园教育的肤浅认识。

田园，是一切生命恣意生长的乐园，是人类没有藩篱阻隔的大校园。加强君在师生苦不堪言、社会怨声载道的教育高度内卷情形下，毅然高扬其教育理想的风帆，奋力开拓田园教育。他很早就提出了现代田园教育理论，熔中国传统教育与西方现代教育两者精华于一炉，并一直默默地痴痴地践行，带领了一批又一批家长朋友，还有老师，共同参与到现代田园教育的实践中，并且成效渐显。作为一个学者，这是非常难能可贵的。

加强博士的田园教育特别重视对教育心理的研究和遵循，重视对人的天性的关照，对探索欲、占有欲、控制欲、食欲、情欲、敌意（警觉心）、善意、创造欲、破坏欲、表现欲、嫉妒心、保护欲、使命感、依赖感、安全感、恐惧感、崇拜感、孤独感、惰性等各种天性的考量十分具体而深入。天性成就人，天性也禁锢人。从一定意义上说，人类所有的行为都是由天性直接或间接控制的。田园教育把天性作为教育的出发和归宿，注重对孩子天性的发现与呵护、引导与升华，这是抓住教育本质之举，也是教育行为的最明智之举。

加强博士认为，田园教育是田园里一种能量互相转化的过程。每个人内心蕴含着巨大能量，能量未开掘，就是潜能，开发潜能，是个人工程，也是关乎社会资源、社会财富的重大社会工程。能量传递与转化是一种生存能力，一种管理能力，一种生活方式。对这种行为规律的揭示，是他坚持探索的焦点之一。对田园教育的能量场，卢加强提出了共时、共情、共频、共鸣的“四共论”，非常具有科学道理和实用价值。

一，共时，待时机。不同时机，言语相同却常常效果迥异。对孩子的心理了解越透彻，越容易发现孩子不同时间的需要、兴趣、心理矛盾，容易精准地找到教育的机会。要善于按下暂停键，绕开情绪不佳时，等待大脑理性开启的最佳时机，这更有益于解决问题。教育时机是千变万化的，没有一个固定模式，只要父母有时机意识，掌握教育时机的基本特点，就能够巧妙地捕捉和选择最合适的教育时机。教育者常患的毛病是自以为真理在握，就可以随时逞耳提面命之快，而不会以退为进，静待花开。

二，共情，生爱慕。感情不到位，教育就白费。教育沟通首先要建立好感，爱屋及乌，喜欢你，崇敬你，就会相信你讲的事实和道理。教育者要学会真诚倾听，任由孩子倾诉情感秘密，倾诉渴求与需要，倾诉困惑与无助。要让孩子感受到你对他足够的理解与尊重，并在此基础上培养感情，沟通教育是“两情相悦”下的知心话。沟通教育应做到打动为上，见好就收，不求药到病除，但求精诚所至。

三，共频，调频率。教育能否取得实效，关键要看是否被孩子很好地接受，其主体性和能动性的调动与激发状况如何。教育不能止于“我说你听”“我要求你落实”，而应灵活采用启发式、研讨式、案例式、沉浸式、出游式等多种教育方式，让施教者和受教者在这个过程中达到彼此节奏一致，感知一致，兴趣一致，喜悲一致。总之，采取各种办法培养相同点、关联点。

四，共鸣，赋能量。用心找到让对方喜欢，让对方需要的东西，身临其境，感同身受。肾上腺激素（压力激素）在适度状态下促进突触与突触的新链接，让神经元产生出新的联结，沟通信息才能有效输入，形成共鸣吸能之态，让对方内心生出感动，打开能量接受器，实现能量转换，并激活沉睡的潜能。在彼此理解、深度契合的基础上，共同找出解决问题的方法。

当然，加强博士对田园教育的探索不止在心理学范畴精耕细作，在社会学、文化学、教育学、生命科学、生物科学等领域都有涉猎，提出了从文化层面增强中国少年儿童的“科感”，提出了把传统耕读教育、私塾教育，与社会教育、自然教育、现代教育、“诺贝尔教育”有机融合，提出了在新质生产力背景下的现代田园教育的诸多理念。他的这些主张与创建，都较好地渗透在《田园教育手记》的字里行间。置于当前“五育融合”尤其是劳动教育、综合实践和研学旅行高歌猛进的教育大背景之下，《田园教育手记》更是一部实践教育的时代力作。

我想，说到“田园教育”，不少人一定会想到“乡村教育”“平民教育”，想到一位二十世纪誉满世界的四川人以及他所开创的伟大事业。我从卢加强博士身上看见了晏阳初博士的影子，他们都是教育实践家，也都是实践教育家，他们都是把大爱播撒在大地上的人。

教育，在希望的田野上，这里有耕读的田园，也有数字的田园……

感于斯，是以序。

2024 年 8 月 31 日，北京

（唐小平，人民出版社中小学《综合实践活动》教材主编，中国艺术节基金会理事，四川省教育装备行业协会科学劳动实践教育专委会常务副主任）

找回真正的自我（代自序）

一头猪夜里做了一个梦，梦见自己其实不是一头猪，只是投胎投错了方向，一不小心把真正的自己搞丢了。觉醒了的猪一分钟也不愿在圈里待了，于是，天亮的时候，猪从臭烘烘的圈里勇敢地冲出来，虽然冲得头破血流，但到底冲破了长期关闭着的结实的老木圈。

猪走到一个村子的竹林旁，在一个垃圾堆里猪捡了一套人的黄花格子衣服装穿上，一顶漂亮的小草帽戴在头上，在小河清澈的水面一照，自己的形象真像人了，猪第一次看见真正的自己，发现原来自己可以这么帅！然后猪到处寻找自己的新生活，翻过几座山，又穿过一片树林，一片菜花地，一片麦田。下雨了，猪独自在雨夜经历着孤独寂寞、荒野恐惧的考验，猪躲在一个山洞里，内心反复自言自语给自己壮胆："找回真正的自我，永不放弃！"走了几天几夜，猪终于找到一个正缺劳力的半山农家。

猪找来一把废铁锄，安装上一根新木把，他挥舞锄头，挖得十分卖劲，很快就开恳了一片三四亩面积的荒坡，种上了红薯藤，原来生锈的锄头也变成银光闪闪的了。望着一片绿油油的红薯苗，农家主人亲热地叫他“小草帽”，从此猪有了一个好听的名字小草帽。小草帽开始像人一样按时起床，煮饭、种地、挑水、睡觉，虽然最先小草帽觉得这日子还没有以前好呢，但小草帽心中有一个声音:“找回真正的自我，永不放弃！”他坚信自己的梦，他咬牙坚持下来了。再后来，小草帽喜欢上了这样的生活。尤其是秋天到了，看见自己播种的庄稼丰收了，他心里第一下体验到了自豪的滋味。农户一家人都竖起大拇指夸赞他，小草帽不好意思地笑了。圈外的生活多精彩啊，他开始同情曾经与他在圈里至今还在躺着过日子的伙伴。

农闲时，我要学点什么呢，小草帽想，后来，他找到一个半闲置的山村图书馆，一个守馆的老人教他识字赏画读书，小草帽在图书馆发现了很多有趣的书，读书的速度也越来越快。每当他遇到困难，想偷懒时，每当他冒出一个念头——回去过那躺着吃喝的日子多惬意啊时，他心中会立刻响起一个洪亮的声音:“找回真正的自我，永不放弃！”一个春夏秋冬过去了，又一个春夏秋冬过去了，这个山村小小图书馆的书已经读完了。这些书慢慢化作了他的精神养料，他觉得身体里有了更大的面对生活出发、向前远行的能量。

现在他已明白了这世上的道理，明白了道理的小草帽比以前更帅了。“图书馆会让人变帅”，图书馆的老人曾经告诉过他。现在，他非常感恩图书馆老人把他领进了这个智慧的迷宫。他从书本里知道还有很多精彩的地方等他去游玩，地球上无数美丽壮观的高山、大海、河流、草原、沙漠、峡谷、田园，还有北京、上海、广州、深圳、成都、杭州、香港，巴黎、纽约、伦敦、东京、莫斯科、开罗、迪拜等无数好看好玩好吃的城市。夸父逐日，日行千里，与太阳赛跑，他知道，孙悟空腾云驾雾，一个筋斗十万八千里，他知道，嫦娥奔月，神舟飞船到月球取回土壤，他知道，他甚至还知道一个叫马斯克的人，把神秘无比的太空航天，搞得跟种大白菜似的，在外星人居住的地方，筹划火星移民呢。小草帽想等到那一天，他也要去火星看看。他知道自己还有很多很多事要做，这是他活着的意义，对，他现在已活出了真正的自我。

现在，小草帽热爱上了每天的生活，他把每天的时间都安排得像一朵朵依次绽放的花儿一样，伴随着花开的芬芳，蝴蝶舞着，蜜蜂闹着，鸟儿唱着，有趣极了。他看见每天的太阳升起就很兴奋，他看见每天的蓝天白云都是新的，看见每天的青山绿水都是新的，看见镜框里每天的自己都是新的。他还有了很多的好朋友，他们经常一起玩乐，爬树，采水果，摸鱼虾，捏泥人，做太空模型。有一天，小草帽突然觉得自己心里有很多感想，有很多话要对人述说分享。这世界有无数栅栏，有无数圈，总是让人丢失自我，远离本心，他终于找回了自我，按照自己本心活着，多开心啊，真实的自我本来就囚禁在自己皮囊中，超越皮囊，超越栅栏环境，让梦想与太阳月亮为伍，让自实的自我在天地间逍遥遨游。他心里的话越来越多，他迫不急待地写出来。

后来，社会上流行一本畅销的彩绘书——《找回真正的自我》，但是，没有人知道，书中的主人公小草帽就是书的作者，书的作者，曾经就是一头猪啊！

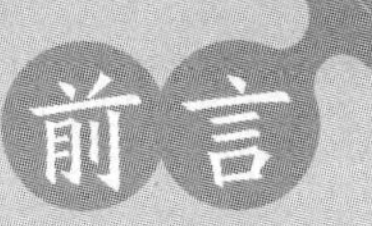

前言

和家长朋友的下午茶

田园教育的萌芽是从我做了家长开始的。做了家长之后，感受当下的教育，越来越不像当年自己做学生时候的教育，回想自己一路走过来所受到的学校培养，知识的滋养，哪些是有营养的，哪些是没有营养的，哪些甚至是有害的，才开始关注起教育，讨论起教育。在中国古代的教育思想里去找理论的依据，在日本的教育、苏联的教育、美国的教育、欧洲的教育里面去找的参照的坐标，这才感觉我们的教育太狭隘了，太封闭了。孩子从一开始识字，就被一直关在了书房里、校园里，关在校园的作业和考试卷子里。天天只读“有用”的书，检查要考试的书，死记硬背要升学的书。知识本身是很有趣的，很好玩儿的。孩子的学习，像孩子成长要吃饭一样，精神的粮食是生命本身的需求，这一个本能逐渐地变成了一种任务，一种功利，一种每天的考核，这种考核从幼儿园就开始了。我强烈地感觉到，孩子们被校园关闭了整个童年，在他们周围建立起了一道隔离带，与社会隔离开来，与家庭亲情隔离开来，与大自然隔离开来。于是乎，在 20 多年前我便开始在身边教育的圈子里面办起了 4 轮书院，人生就像车一样，有了学校的轮子、家庭的轮子、社会的轮子和自然的轮子这 4 个轮子才能平稳地行驶、奔驰。这 4 个轮子也是人成长的 4 个维度，构成了成长的一个正四边形，每一边都很重要。后来渐渐地带着社区的朋友圈子的孩子，在具体的实践中一点点践行。

这种思想的田园教育，其实也颇受古时候私塾教育的启发，我对私塾教育一直是有着很深感情的。在古时候私塾教育培养了很多的大家，尤其是很多早慧的孩子，私塾教育更加重视人和人的接触，是心灵的启迪，是师傅带徒弟一样的近距离的小规模的教育形式。后来大工业生产背景下，班级制规模化的教学，提高了教学的管理效率，如工厂批量出产品一样，能高效率地培养打量人才，但就对单个的人来说，手工作坊般的私塾教育形式却有意想不到的好效果。

如何把私塾教育好的养分吸纳到田园教育呢？这是我探索思考的一个问题。在中国的文明发展史中，不管哪朝哪代，不论朝廷、社会还是家庭都重视教育。中国古代教育，除极少数官学外，绝大多数是民间、家族、私人所办，其主要形式是私塾和书院。私塾是私家学塾的简称，古人称私塾为学塾、教馆、书房、书屋、乡塾、家塾等。私塾是从西周时期的“塾”发展出来的，其主持人大多是告老还乡的官员。私塾学生既有儿童，也有成年人。按照学生层次和学习进度，私塾又分成蒙馆和经馆。蒙馆就是启蒙的学堂，相当于幼儿园或小学，学生主要是儿童，重在识字；经馆的学生以成年人为主，大多准备科考。私塾塾师文化水平往往十分悬殊，他们当中既有像蒲松龄、郑板桥那样的文化名人，也有不少粗通文墨的腐儒。历史上孔子在家乡曲阜开办的私学即是私塾，孔子是第一个有名的大塾师。古代书院是比私塾规模大的古老的民间教育机构，最早出现在唐朝，发展于宋朝，正式的教育制度则是由朱熹创立。当时，由富商、学者自行筹款，于山林僻静之处建学舍，或置学田收租，以充经费。岳麓书院（在今湖南长沙）、白鹿洞书院（在今江西庐山）、嵩阳书院（在今河南登封）、应天书院（在今河南商丘）合成中国古代四大书院。应天书院是古代书院中唯一一个升级为国子监的书院，被尊为四大书院之首。新中国成立之后，我国就从以私塾、书院为主的教育模式转变为大规模的班级制教学，教育特色也随制度的转变而转变。为普及大众教育、提高识字率，新的教育采取大规模的班级制教学，和我们的工业化生产相类的一种规模化、标准化教育。应该说，这是一种高效的教育方式，这种方式可以在资源不够的情况下，极大地提升资源的使用率，在较短时间内使我国的教育普及率大面积提高，极快地解决了我国从农业社会向工业化社会过渡所需的人才和社会环境。但是，传统私塾教育和书院教育的因材施教、个性化教育的特征也随之被弱化，好的个性化教育思想和教育理念也丧失殆尽。比如，针对同样的“闻斯行诸”疑问，孔夫子可以根据不同人的个性，很坚决地支持冉有“闻斯行之”，而又要求子路“有父兄在，如之何其闻斯行之”。现代规模化的批量教育，即使教师很敬业，也是很难做到这一点的。

从历史来看，私塾教育和书院教育中最重要的本质特征在于，它是人的教育。先生教授较少学生，是先生用个人魅力、知识、言行，言传身教去培养人的过程，是一个灵魂去唤醒另一个灵魂，一棵树去摇醒另一棵树，一朵云去推动另一朵云。它是人和人的眼神传递、心灵的交通，甚至说话时那种音量的传递，也是一种带温度的教育、近距离的教育，还有带能量层的教育。所以，传统的私塾教育和书院教育，有一种气场，因材施教的特色更特别。这种教育方式培养了许多人才，四川苏门三父子、韩愈、柳宗元等历史文化巨匠，以及伟人毛泽东等都从私塾教育获得了极大的营养。

我们现代教育追求的效益，模块化知识结构、标准化课堂，如现在的考试阅卷，机器扫描，ABCD 等标准答案，培养出的人才也往往千人一面，将人性中最活泼、最生动、最具有创造性和最亮丽的个性模式化了。面对这种情况，我们应尝试把我国传统私塾教育的优秀教育模式和我们今天的社区文化相结合，构建社区书屋、社区书院；和乡村文化振兴结合，建设村级书院、田园书院。用书院使邻里、社区、田园相融合，特别是现在随着高楼大厦取代了乡村，社区里邻里关系陌生，家家户户把门关得死死的，孩子生活没有一个院坝、没有一个玩伴。所以在当下的学校教育模式下，我们要重新点亮私塾教育的薪火，让私塾教育好的一面薪火传承。尤其是在今天，大数据能够做到多样化和个性化兼顾，我们要充分利用大数据的科技优势，把我们传统的好东西，用到我们田园教育里面来，成为我们田园、村级、社区、邻里娃娃们之间的一个伙伴儿，补上我们缺失的伙伴儿教育、同伴儿教育、玩伴儿教育。

与古代私塾教育紧密联系的是古代的家庭教育，这是田园教育的实施关键。

中国人有重视家庭教育的传统和美德，古代家庭教育是中华文脉源远流长的重要河床。长期以来它对于推动中国古代社会家庭的巩固与发展，促进古代各类学校的产生与进步，形成民族文化传统和家庭道德观念，及至对于国家政治、社会生产和生活方式以及民族文化学术思想的变迁等，都产生过深刻而久远的影响。

历朝历代很多学者都认为，家庭教育重于学校教育，学校教育不管多重要，都是家庭教育的重要补充。

在家庭教育中，注重文化教育的传承，特别是家庭、家族的传承，主要以“家训”方式传承。由于中国传统政治思想、伦理思想特别强调修身、齐家与治国、平天下的密切联系，以“整齐门内，提撕子孙”为目的的家训，历来受到人们的重视，并成为中华民族传统文化宝库中最具特色的部分。如《颜氏家训》的“与善人居，如入芝兰之室，久而自芳也；与恶人居，如入鲍鱼之肆，久而自臭也”“积财千万，不如薄技在身”“幼而学者，如日出之光；老而学者，如秉烛夜行，犹贤乎瞑目而无见者也”“父子之严，不可以狎；骨肉之爱，不可以简。简则慈孝不接，狎则怠慢生焉”“生不可不惜，不可苟惜”等历代推崇；《包拯家训》为子孙后代制定了一条家训云“后世子孙仕宦，有犯赃滥者，不得放归本家；亡殁之后，不得葬于大茔之中。不从吾志，非吾子孙”，共三十七字，其下押字又云“仰珙刊石，竖于堂屋东壁，以诏后世”又十四字。“珙”者即包拯的儿子包珙。包拯的这则家训是他生前对子孙的告诫，凝聚着包公的一身正气、两袖清风，虽千载之下，亦足为世人风范。《朱子家训》全文五百余字，内容简明赅备，文字通俗易懂，朗朗上口，成为家喻户晓、脍炙人口的教子治家的经典家训。其中一些警示语，如“一粥一饭，当思来处不易；半丝半缕，恒念物力维艰”“宜未雨而绸缪，毋临渴而掘井”等，在今天仍然具有教育意义。全文虽只有506个字，却集儒家为人处世方法之大成。优秀的家风，是保证维持一个家族兴盛不衰的根本所在。

我们历史上很重视家庭教育，家庭教育核心是树立了天地君亲师的伦理关系，这是整个农耕文明的稳定器。天地君亲师的思维，既是家族香火的传承，更是家风、家庭精神的传承。在家庭中，父亲何为父亲，母亲何为母亲，这是家庭地位和教育角色确定的。严父慈母，这既是家庭分工，更是慈严相济的教育分工。历史上有孟母三迁、岳母刺字等家庭教育典故，还有四川苏轼母亲的故事，苏东坡幼年时，父亲常年在外求学，主要是母亲对他进行教育。劝夫以进、教子以学、贤惠持家，苏轼、苏辙的母亲程夫人被与孟子之母、岳飞之母相提并论，留下了慈母、贤母的伟大形象和英名。

在中国现代化发展的今天，家庭教育出现了很多问题，把家庭教育作为孩子教育的主体意识都已淡漠了，很多家庭都把教育主体完全推给学校、推给老师。田园教育强化家庭教育，特别是当前，要把家庭教育纳入，是家风文化建设的重要组成部分，要重塑家庭教育新理念。我们今天提倡提升家庭文化，特别是提升母亲文化，要鼓励年轻人生育，这样母爱才是完整的。所以，母亲文化与我们今天的人口繁衍、人口的数量、人口的质量紧密相关，这在人口学上也是有道理的。所以，从中华人文初母嫘祖以来的中华母亲文化本来就是中国社会文化瑰宝。当然，父亲文化也有其不同的特征，但同样重要，中国文化历来认为母亲是水、父亲是山。那么，这样的一个家庭祥和的社会，才能成为中国实现现代化的坚实基础。

田园教育还有一个理论源头，就是中国固有的耕读传家文化，这种耕读传家的教育，实际上是知行合一的书斋田园和生活生产的田园有机的结合，把学习和劳动较好地结合。我在很小的时候，父亲反复对我说，穷不丢书，富不丢猪，读书和养猪可以结合起来，实际上就是一种耕读教育的生活。这种耕读教育和当下的乡村振兴、诗意田园，和陶渊明的“采菊东篱下，悠然见南山”，苏东坡的东坡田园，欧阳修的六一坊等，都是一脉相承的，半耕半读的生活，且耕且读的生活，于今天也叫终身学习。

耕读传家是田园教育传统文化根脉。现在很多古祠堂上都会看见这样的文字："耕读传家久，诗书继世长。"

耕读传家是中华农耕历史长河中非常突出的文化现象，是中华文化代代相传的血脉承继。耕读传家源于我国的农耕社会，读书人也是耕田人，"晴耕雨读"，或"亦耕亦读"，是传统农耕文明中读书人所躬行、崇尚的生活行为方式。耕读传家，耕，耕田务农；读，读书学习。传家，一代一代传下去，这样的家庭就可称为"耕读世家"。

中国几千年的农耕社会，其社会分工结构概括为"士农工商"。其中"士"一直担负着社会的组织管理、文化教化等角色，"农"代表着中国社会的主体，"耕""读"就成为流传千古的文化根脉。中国历史上的耕读传家，是把劳动与读书作为一种生活的常态，是一种终身学习，是在劳动中也要学习，活一辈子，耕耘一辈子，读书一辈子，终身学习，终身阅读。中国历史上的文官武将的"告老还乡""解甲归田"都是要回到又耕又读的精神活动和身体劳动的状态中。历史上诸葛亮在南阳耕读，有三顾茅庐、三分天下的英名流传。陶渊明辞官归里，回家"躬耕自资"，写下"采菊东篱下，悠然见南山"和《桃花源记》，勾画了人人向往的"理想社会"。

明朝画家沈周，绘有一幅《耕读图》：庭院一处，茅屋数间，掩映于山树之间，房屋，背倚山崖，崖上瀑布倾泻而下；房前，高梧数株，婆娑积翠；房屋内，一人安然而坐，似在读，又似在瞭望远处；柴门大开，柴门内，一犬昂首似吠，柴门外，一人肩扛锄具，正行走在路上；更远处，拐过山脚，是平畴一片，田地被切割成田字状，一农人正在田地中，扶犁呼牛，耕田犁地。沈周于画面题诗曰："两角黄牛一卷书，树根开读晚耕余。凭君莫话功名事，手掩残篇赋子虚。"开头"两角黄牛一卷书，树根开读晚耕余"两句，已成为"亦耕亦读"的标志性画面。

随着城市化进程，如今大量的人离开了农村，年纪大了无事可做，于是就去跳坝坝舞、打麻将、玩手机，已经远离了耕读传家的中华文化，急需回归田园。习近平总书记讲"中华优秀传统文化是中华民族的文化根脉，其蕴含的思想观念、人文精神、道德规范，不仅是我们中国人思想和精神的内核，对解决人类问题也有重要价值。要把优秀传统文化的精神标识提炼出来、展示出来，把优秀传统文化中具有当代价值、世界意义的文化精髓提炼出来、展示出来"。我们田园教育，就是要把耕读传家的优秀中华文化传承下去，耕读既是中华文化不可或缺的文化珍宝，展现了田园美学的情怀和意境，让现代人神往，也是我们田园教育的不懈追求。

实际上终身学习中国古已有之，不是什么新的理论，我的田园教育思想还受了陶行知、晏阳初很深的影响。这几年我在吟唱田园牧歌，在乡村振兴的背景下，我在苦心孤诣吟唱自己内心的田园牧歌，追逐一种中国人自己的田园牧歌的生活方式，寻找“大庇天下寒士俱欢颜”、城市离乡者人人有田的田园生活，寻找让生活更美好的一种城乡融合的双栖生活方式。这种田园生活的理念和田园教育融为一体，是生活即教育，晏阳初和陶行知的乡村实践、乡村教育是我的楷模和典范，我是他们足迹的追随者。我从事的田园教育，深深关注现代科技的成果，有心理学的支撑，符合人不同年龄特征的儿童心理、青年心理。心理学是近现代才出现的科学，田园教育怎么更好地以心理科学作为支撑，也是我在实践中要深度重视的。同时中国道家的思想，道法自然，天人合一的思想，构成了我在田园教育中的又一个哲学的源头，在田园仰望星空，去寻找天人合一的生命能量，去感悟生命的神奇，去实现生命的价值，也是传承中国的传统文化。以此与儒释道文化融合，达到“厚德载物”，达到“天行健，君子以自强不息”，达到“修身齐家治国平天下”思想的有机结合。我的田园教育思想，还与卢梭的自然教育思想一脉相承，卢梭是伟大的教育家、思想家，学生时代，我就喜欢读卢梭的著作，在自然中快乐成长，让童年在大自然中放飞，给童年充分的自由，田园教育也是卢梭思想的践行者。

当然，我们的田园教育不是古代的田园教育，是现代的田园教育。作为现代人，我们面临着的数字时代的到来，高科技时代的到来，作为中国的下一代，面临着美国卡脖子技术的研究创造使命，所以在田园里面，去认识微生物土壤的结构，去认识数学几何，去仰望星空，去感知能量所有的现代科技都可在田园中对应、萌芽。我们也创建了诺贝尔教育研究院，去研究世界诺贝尔获得者的成长历程，教育历程。尤其是研究截至 2015 年，获得诺贝尔奖科学奖项和文学奖项的 11 位华人：李政道、杨振宁、丁肇中、李远哲、朱棣文、崔琦、高行健、钱永健、高锟、莫言、屠呦呦，研究他们的家庭，求学历程，并把他们的教育思想和经验融合在田园教育中，这是我们追逐的现代田园教育的思想中与时俱进的时代特色。在这种背景下，我特别提出了“科感”一词。古代教育，不注重数学、自然科学和地理教育，所培养出的人缺乏科学思维能力。热衷于文字游戏、引用古籍的考据，导致形式主义泛滥。靠“四书五经”与吟诗作赋的知识管理社会及人生的方式一直延续。当下关于儿童的教育，音、体、美等兴趣班很多，科技的兴趣班、实验室的兴趣班是很少的，中国人思考问题，爱从感官的角度说世界，走到一个景区，大量的景区讲的都是感性的故事，都是神话的故事，山像卧佛、湖像仙人这样的描绘。探索它的地质结构、物种、动物的进化的变化，探索温度、湿度、光照度、自然气候的变化，这种话题很少。这种科技本能感觉我把它叫作“科感”，应该让孩子在幼小的心里就有科感，这种科感跟我们的美感、乐感、语感、体感一样，成为生命的一种文化基因，成为中国小孩的一个血脉基因，成为我们田园的一个重要的养分。因为我们当下的田园更多的必须是科技的田园、智慧的田园，我们生态的田园也是有科技的生态、智慧的生态，我们的田园是和城市相通的，田园是和地球村相通的田园。地球都在一个村庄，我们的田园当然是连接了七大洲四大洋，连接了大学的实验室、大学的图书馆。在这个过程中，我才把这样的实践，这样的思想，用随笔的形式，用实践心得的形式写出来，希望这些理论更朴素一些，更具有操作性一些，用大众化的语言、用谈话的方式来写了这本书。这本书更多的是给大家谈话交流，像一个老农在田园里面坐下来喝杯茶，和您慢慢地交流，你可以赞同我的观点，也可以反驳我的观点，更可以丰富我的观点。那么我都会对你说一声，谢谢你，我们一起走进田园，我们一起吟唱田园牧歌，我们一起探索践行田园教育。

当前应试学习在分数技巧及标准答案的强势引导下变得小心翼翼、功利乏味，学生天生的个性化才智因为片面追随共性化的分数而变得平庸，因材施教这一教育的基本原则被抛弃一边，分数作为炮火让千家万户投入一场内卷的战争，读书的第一要务是为了分流，为了选择与淘汰，而非成就人才，一代人烂漫的青春在内卷中失去创新性冒险性而平庸化，国家创新发展活力在教育平庸的内卷中日渐式微。

今天不少孩子，小学阶段就经历封闭式的住校，追求每一科标准化式的高分，这些都是和青少年的年龄特征极相违背的，这是近乎于疯狂的教育内卷。小学阶段的学习应该更偏重于“三天打鱼，两天晒网”的田园体验，偏重于劳动，偏重于生活，偏重于实践，在劳动、生活、实践中培养阅读习惯，培养观察思考习惯，培养他们的好奇心，对探索天地社会、探索科技奥秘的好奇心，培养社会交往协作，利他助人为乐的精神与能力。而不能够大量的时间都将其关在校园里，都埋头于书本作业上，都在追求逼近双百分的标准化，这样看似赢在起跑线的，在后来的发展中，未必是好事，甚至就是一种压制和摧残。

在智能校园的时代，教师更不应是简单的照本宣科的机器人，不是几十年如一日的周而复始的重复留声机。从本质上说，教师是一个满腔热情的研究人员，是一个研究人与学问的专家，他面临的每一个学生，他的家庭、性格、情感、思想都是不一样的，每一个学校、每一个时代、每年的风光也是不一样的，对每一个差异化的个体，他需要去关注，去研究，去和他产生能量的交换，去点燃他。老师把书本的知识通过自己的理解，通过自己的魅力吐出芬芳来，绽放出色彩斑斓的花朵来。让学生们自觉去领悟，去吸收。老师让每一个孩子自信地展示自己，表现自己，在展示和表现自己中不断成长，不断自信，不断强大，不断挤走自己身上不好的缺点。老师积极鼓励孩子的优点，积极鼓励孩子的特长，对不同性质的缺点，艺术地、坚决地、轻重缓急地改正之，转化之，让每一个孩子从朴实的泥胚胎里雕塑出真正的我来。

“倡导师道尊严，老师得到尊敬，所传授的道理、知识、技能得到尊重。师者，传道授业解惑也，道者，因材施教也。但今日教育，不少学校唯作业考试论，学校片面以分数为万能，唯分数唯作业考核把老师逼迫成了‘鸡娃’的帮凶，以畜牧业思维及考评模式管教育业，不少地方，愈演愈烈，教育局长成了畜牧局长，校长成了董事长，老师成了企业打工仔，学生成了车间产品。不少老师教了一辈子书，没有做真正的教育，天天忙着用作业考试对学生智商层层筛选。考而优则胜，考而劣则汰。本身不适合天天作业月月考试的孩子，硬着‘一刀切’拉来一起折腾，一个模子，把所有大脑重新铸造出来，全部变成雷同的“方苹果”。结果高分者走进社会未必是优秀者、创造者，低分者则失去发展自我特长的机会。因材施教，‘天生我材必有用’‘万类霜天竞自由’成为奢望。”

教育，国之根本，家之根本，人之根本。育人与毁人，是当下教育的两大“丰功伟绩”，不可不察，落在每个孩子身上，更是不可不万分警醒。

在田园教育的实践中，我们强调对生命本身的关怀，让生命拥有一个梦想、一个信念、一颗平常心、一片诗意书斋、一片与天地精神古今圣贤相往来的修炼场，生命在繁杂浮华的世间，如一棵入地参天的大树，学习着，生活着，欣赏着，奋斗着，生长着。内心热情，物质极简，灵魂丰盈。心香一瓣，品味百科，开悟智慧。忠孝家国，慈济苍生，逍遥天地。学习的过程，是一曲生命的颂歌。田园教育提倡家国情怀，一个没有家国情怀的人，只能生活在小我里。青年毛泽东 26 岁，1919 年在《湘江评论》的创刊号上，大声呼吁：“天下者，我们的天下；国家者，我们的国家；社会者，我们的社会；我们不说，谁说？我们不干，谁干？”国家强大的基础是什么？青年学子灵魂的觉醒与高尚。

在田园教育中，重视现代心理学成果的应用，知情意行是田园教育人格塑造的基础。在中国现代的学校教育中，曾把品德教育、智力教育作为培养学生全面成长的重要目标，教育方式是以学校课堂教育为主。而我们提倡的田园牧歌教育，是离开课堂的自然教育、乡间教育、家庭、社会教育的总和。区别于学校教育的是我们从人才的个性化培养，提出知、情、意、行四个方面，四个方面的全面培养，是提高学生能力素质的重要途径，是学生人格塑造的基础。

“知”就是学习知识。知识贯穿于教育培养的全过程，包括学校教育、家庭教育、社会教育、自然教育。这里的“知”不单单包括课堂上学到的系统的理论知识和科学知识，还包括认知自然、家庭、社会的人际关系、生活常识等方面。作为古代教育家，孔子非常重视“知”，提出“敏而好学，不耻下问”（《论语·公冶氏》）、“多闻阙疑”“多见阙殆”（《论语·为政》）、“多识于鸟兽草木之名”（《论语·阳货》）、“不耻下问”、“三人行，必有我师”等观点。

“情”就是情感教育，是情商教育、爱的教育。孔子说，“知之者不如好之者，好之者不如乐之者”（《论语·雍也》）。情感教育就是培养学生的情感素养、情感智慧和情感能力，直接表现为情商。情商就是“情绪智慧”“情绪智商”，而其中的核心就是爱的教育。爱的教育，注重培养学生的爱心、关怀他人和积极向上的情感态度，培养学生的自信和自尊，鼓励他们相信自己的能力和价值，尊重和欣赏他们所做的努力和成就，爱的教育就是通过引导和示范，培养学生关心集体、关心他人、树立正确的价值观，并将这些价值观和行为在实际生活中得到实现。

“意”就是意志力。意志力是指一个人确定目标后，根据目标来调节自己的行动，克服各种困难，从而实现目标的能力和素养。孔子曾说“三军可夺帅也，匹夫不可夺志也”；在《论语·子罕》中孔子还说：“譬如为山，未成一篑，止，吾止也；譬如平地，虽覆一篑，进，吾往也。”他认为人应该“志于学”“志于仁”“志于道”。可以说意志力是一个人事业成功的关键，但是现在的大部分孩子都缺乏这种能力和素质，他们在社会和家庭的宠爱下，缺乏解决问题的能力和百折不回的抵抗挫折的素养。要培养孩子的意志力，必须持之以恒。

“行”就是执行力，就是指动手的能力。在我们的教育中，学习成绩是家庭和学校关心的核心内容。大家提了很多的能力培养，但实际上将学习成绩作为评价孩子的核心指标，而往往忽略其他能力，特别是动手的能力。要培养孩子的动手能力，重点就是我们家庭和社会要转变观念，要让孩子学会自己的事情自己做，从刷牙、洗脸、穿衣、整理书包、整理衣物、整理床铺等等小事做起，同时鼓励和带动孩子参与社会实践和手工劳动，让孩子多做一些力所能及的、有兴趣的事情，比如社区社会活动、手工劳动等，通过这些增强孩子的动手能力。也就是古人强调的能扫一屋方能扫天下。

知情意行，是我们提出的田园教育理论中的全面发展基本要素，也是孩子在成长中人格塑造的基础。

在教育并不理想和完美的当下，在高考的指挥棍主导教育学习的当下，我们一边努力适应规则，一边不能捡了芝麻丢了西瓜。只注重孩子的书本知识灌输，而忽略了在生活中对他们思维和能力的浸润与培养。在田园牧歌中，我们把思维和能力素养作为孩子未来成长的基础，作为孩子像蓝天雄鹰的一对翅膀。思维是对天天接收的信息进行分析综合，从而提高自己认知，输出信息的过程，一个人每天思维，是一个人每天的乐趣及生活方式，是生命开出的花朵。在田园教育中让孩子润物细无声地浸润 12 种思维：逻辑思维、发散思维、创造思维、系统思维、批判思维、沟通思维、战略思维、辩证思维、历史思维、底线思维、空间思维、符号思维。法国哲学家柏格森说过：“行动是必需品，思辨是奢侈品。”未来的教育人们会不在意你知道什么知识，因为随时随地都能通过大数据获取知识，而看你的思辨能力，能否通过深入思维看清事物的关键和本质，提出新的问题，发现新的路径。

田园教育把帮助每一个孩子开发自己的能力，使自己的能力最大限度发挥出来作为重点。让孩子的精神在田园生活中一点点修炼出能量，在苦水汗水和成功失败中浸泡出来本领，逐步锻炼9大能力：健康力、独立力、交往力、学习力、专注力、自律力、抗压力、批判力和创造力。

而当下的学校教育把我们的孩子都训练成了背诵做题应试的机器。丘成桐教授认为，我们当前的教育偏向于教授技巧和应试题，而忽视了学科的本质和思维方式。首先是方程。方程在本质上是一种解决问题的思维方式，而不仅仅是一种计算方法。而我们现在的教育过于注重复杂的方程计算，却忽略了培养学生的方程思维能力。其次是几何。传统的几何教育过于强调技巧，如画辅助线、背定理等，而忽视了几何与代数和方程的联系。学生应该继续深入学习解析几何、三角函数和复数等知识，从而发现平面几何问题可以用代数和方程来解决，达到更广阔的数学思维。最后是物理。高中物理学习的力学和运动学常常被认为是孤立的知识点，缺乏整体性和逻辑性。然而，物理学的本质是用微积分建模，没有微积分基础，学习物理就像空中楼阁一样不稳固。因此，应该将高中力学和初等微积分合并起来，让学生从一开始就理解“位置、速度、加速度”和“导数、积分”这些概念的关联，从思维能力的角度走进一门学科，与训练技巧背诵知识的方式掌握一些招数是大相径庭的。

面对今天很累的孩子、很累的家长、很累的老师，我一直有个观点，如果教育孩子我们觉得很累，多半是我们错了。培养孩子、教育孩子是很愉快的事情。要建立与孩子的情感联系，孩子是父母生命基因的传承，生命基因中很重要的是情感基因，所以构建父母和孩子的情感基因是首要的基础的事情，比我们跟他讲道理，要求他学习重要很多。

凡是在我们给孩子讲道理和要求学习的过程中，我们感觉到很痛苦，孩子也感到很痛苦，凡是我们和孩子的交谈，孩子不愿意听，我们反复唠叨，我们很累，孩子也很累，那么我们讲的内容和讲的形式多半是错误的。

今天在孩子的童年时代，我们学校的作业考试考核等任务过多、过重、过频繁、过标准，这些都是与童年的快乐相违背的。那么，我们有些时候帮助学校完成这样的任务看似正确，实际上是做了压制乃至迫害孩子的帮凶。对于这些任务，也许大多数孩子可以适应，但是有那么一些孩子不能适应。当孩子不能适应的时候，我们要以孩子的自主力、内驱力、自我价值认同、自我兴趣选择为主，尽量不要过于外在强加，伤害了孩子的自主学习。如果过于为考试而考试，为作业而作业，为任务而任务地学习，那么就过早地荒废了孩子的自主性和钻研精神，这样的学生，这样的学习，看似完成了学习任务，甚至较好地完成了学习任务，实际上对长远的学习不一定是好事。当然，在这个过程中，父母与孩子发生冲突就更是得不偿失的事情了。小学阶段童年的本质是性格和习惯的养成，当下那些较多的较高要求的作业和考试，在实施时要将其转化成一种积极的引导，如果这种引导的效果不是很好，还是要坚持以孩子自主为主。那么在孩子以自主为主的时候，我们要相信孩子，相信天生我材必有用，要相信上帝给每一个孩子都打开了一扇窗。当我们在为孩子的知识全面发展要求每一科每一个专业都好的时候，我们应该坚持因材施教，有所侧重，真正地找到孩子的兴趣点，慢慢地培养他在某个方向的兴趣，某个方向的专注力，某个方向的价值感，某个方向的自信心，这样慢慢地培养他成为某个领域的小专家，并在此过程中感受到快乐，像玩游戏、看电视一样，真正地找到了在那个领域的满足感、愉悦感。这个某领域的专家，也许是语文、数学、科学，也许是艺术运动，或者是对某一种动植物、制作等感兴趣，包括煮饭、乡村劳作等，这都是可以的。因为每一个事情里面都包含了各个方面的知识，可以在这些里面去注入我们同样该掌握的知识，这也许更好地把梦想的种子埋藏在他的心里，埋藏在童年的土壤里，未来反而能够长出参天大树。

田园教育实践才走出第一步，这是我终生践行的梦，我在今年带孩子们春游时，写了一段小文，作为本书前言的结尾，作为与你下午茶的内心独白：

我有一个梦，我有一个田园梦。

我的梦境是红日初升的万道霞光，是霞光照射下无边无际的大海涌动的橙红的波浪，是晨曦下广阔的原野，大好的河山，苏醒的田园，鸟语花香。我有一个梦，我带着孩子们在田野打闹、嬉笑、游戏、迷藏。我带着孩子们在田园阅读绘画，拔花生红薯，摘南瓜豆角。去把纯净的泥土涂满双手双脚，甚至留一点在红通通的脸上。我让孩子们去辨析昆虫的种类，去辨析不同的花香，去研究土壤的成分，去研究成千上万的益生菌，去研究蜜蜂的蜂房，去研究粮食的品种、种子的胚胎、植物的基因，去探寻机器人种粮，去研究给稻草人植上芯片，让农闲时和稻草人一起玩耍于童话的原乡，数学物理化学全都转化成田野的大自然的实验场，语文、英语、历史、地理都是田野的语言、田野的文字、田野的故事，音乐、美术、体育都是他们本能的释放，在他们眼前铺成一条成长的五彩路。我有一个梦在田园，在开放的书场，没有作业，没有课桌，没有考试，没有单元练习，一切都沉浸在那一片土地上，去仰望星空，去观察记录物候，在传统的耕读传家中快乐成长。他们脸上的汗珠如同禾苗上的露珠，他们健康的肤色泛着太阳和月亮的光。男孩有山的体魄，女孩有河的柔波。孩子们在田里寻找田螺，在田里探寻谜藏。每一个解开的谜都是未来的诺贝尔大奖，那好奇的心灵凝固在田里，那是闪放的灵光，那是孩童的天性，那是他们的意识流、心流，在田园里静静地流淌。在这溪流般的流淌中，他们快乐地成长。让小我成长，成长成大我。让胸怀博大开放，去拥抱高山大河，与人类一切生物量子纠缠，把他们情感延展，万物互联，在田园感知海洋文明，在田园感知太空文明，在田园感知远古文明，在田园感知未来文明。孩子在自然的田园，在耕读的田园，在童话的田园，在科技的田园，在艺术的田园，在爱的田园，在我世界一流的大学的田园，这是大自然和我们为孩子们准备的盛宴，是孩子们的最美最美的校园，最美最美的课堂。

CONTENTS

目录

最好玩的是学习

好的学习是唤醒玩性——唤醒玩的人性、智性、德性、善性。

玩就是学习、学习就是玩；玩就是生活、生活就是玩。在玩中学习，在学习中玩。

人间好玩，学习本身，就是玩，在玩中研究，在玩中领悟，在玩中遨游，在玩中发现事物的本质和规律，把学术的过程游玩化，把玩的过程学术化。玩是至诚至爱，是活在当下玩在当下，是专精一味，乐在其中。在顺境中玩，在逆境中玩，生活给你以苦以痛，你以玩回馈生活。卓越的人，无不把人生苦痛玩得有滋有味。“玩玩”而已，不问收获，陶醉耕耘，处之超然，看淡名利，天真幽默，诗情画意。

陶渊明之桃源，竹林七贤之翠竹，徐霞客之《徐霞客游记》，李时珍之《本草纲目》，祖冲之之圆周率，爱因斯坦之相对论、牛顿之苹果落地、任正非之华为……真正玩家，都有一共性：终生扎根目标，拓展一方天地，放飞自由的灵魂。

百年树木，长成一棵参天大树，一不小心，青史留名。

人是猴子变的，玩是人的本性！找到自己的游戏，从小玩到老，岂有学习休息之别，岂有上班下班之异。日复一日，年复一年，斗转星移，周而复始。在玩中深耕、在玩中沉淀、在玩中寂寞、在玩中灿烂、在玩中迭代、在玩中登攀。玩出立身本事，玩出传世绝活，十年磨一剑，一剑笑江湖。

玩是一种追求，一种大爱，一种意志，一种信仰。玩出花样、玩出奉献，玩出自我，玩出境界。不玩则已，玩则极致。玩成科学家，玩成艺术家，玩成企业家，玩成生活家……玩出一个诺贝尔奖，玩成一代宗师。世上无难事，只怕真玩家。

孩子的三圈

纵观古今中外，做大学问，成大事业者，都较早进入与时俱进的大格局，大能量的三个圈层。

孩子的社会圈。历练孩子的社交能力，包括孩子在社会中的交流、组织、协作能力等；历练孩子独立生活能力，包括孩子的性格、心态、毅力、自立、自律，我的江湖我作主；历练孩子的奋斗精神，包括孩子的责任担当、开拓创新、艰苦奋斗、远大梦想等。

孩子的学问圈。好奇讨探索而学习，为解决问题而学习，“近朱者赤，近墨者黑”，与同伴共享互助而学习，名师出高徒追随大师学习。

孩子的地球圈。行万里路，读万卷书，乐山乐水，耕读田园，感悟人类文明，感悟天地精神。胸中有丘壑，眼里有世界，思接古今，神追未来，脚踏地球，心怀日月。

故，孩子不可为读书而读书，为上学而上学，而应立足三圈，立足人生之大格局大能量，而健康快乐成长。近现代之伟人毛泽东、朱德、周恩来、邓小平、鲁迅、郭沫若、冰心、钱学森、邓稼先、华罗庚等，莫不如此。

与孩子聊天

周末，月末，常与孩子聊天，在江河边漫步，在田埂上漫步，在街市中漫步，在天地间漫步。

聊眼前的事物，聊近期的新闻，聊俄乌之战，聊中美竞争，聊疫情防控，聊物业门卫。不要都聊教室里那点事，不要都聊书本上那点事，不要都聊作业考试那一点事，不要把话题聊窄，不要转弯抹角聊学习，不要死缠烂打聊成绩，聊得孩子反感。

教室本来没有教室，书本本来没有书本，数学本来没有数学，物理本来没有物理，语文本来没有语文，体育本来没有体育……它们本来在自然中、在田园中、在社会生活中，走进河畔，水流流速流量有数学，浮力动能有物理，落叶化泥有化学，波澜壮阔花香鸟语有语文，植物物态，鱼虫嬉戏有生物学，玩石攀爬皆体育……无边无际，天地大教室，活色生香，田园图书馆，少年浪漫，童年飞扬，天天深锁教室，埋头书本，细分科目，泅渡题海，须知学问在窗外，造物是吾师。

心平气和，与孩子聊天，且行且聊，从校园到田园，从过去到未来，从文史到科技，从宇宙到尘埃，把话题聊开，把思维聊开，把视野聊大，把胸怀聊大，把梦想聊大。当然，更要当好倾听者，听孩子的喜怒哀乐，让孩子聊出来，让孩子评判，让孩子找对策，让孩子编计划，与孩子共情共商共力，聊出内驱力，聊出责任感，聊出激情澎湃，聊出信心满满，聊出心灵之光。

与孩子聊天，亦友亦伴，不亦乐乎。

做个“三莫”家长

一、莫做唠叨的家长

唠叨刺耳，唠叨烦心，唠叨必关心门，心门既关，唠叨皆为废话，听者充耳不闻，愈唠叨愈逆反。然天下家长唠叨者众矣。

二、莫做代庖的家长

代庖，让孩子失去吃苦受挫机会，去失有机自然环境生存锻炼机会。苦是上天配制的营养，挫折、矛盾是宇宙让生命强大的本来法则。在该吃苦该受累该忍耐的年龄而不可得，家长之过也。家长切莫设置孩子成长的舒适无机环境，那不是生命应该面对的真实自然、社会存在。

三、莫做缺位的家长

家长不可越位，不可替位，更不可缺位。

在孩子成长的身体、性格、精神、智慧、能力的每一个关键点，时间上的拐点，空间上的拐点，成绩上的拐点，身体上的拐点，性格上的拐点，品德上的拐点，能力上的拐点，每一个维度都有三至五个，甚至几十个拐点，家长要当明白人，要及时、艺术、科学赋能。

莫唠叨，学会说话；莫代庖，学会放手；莫缺位，学会赋能。确实考验家长的智慧、性情、胸怀、格局以及用心研究、虚心学习的深度与广度。

莫，莫，莫，“三莫”常在耳边，常挂心中，则父母子女同心同德，踏梦前行，一路风景一路歌，溯洄从之，何惧道阻且长。

让孩子走出家门

家长的格局，往往决定子女的结局。

爱孩子，不是把孩子抱在怀里，让父母的身躯，把世界挡在身后；爱孩子，不是一辈子帮孩子遮风挡雨，让孩子过衣来伸手饭来张口的舒适生活；爱孩子，不是天天把孩子关在温室里，孤独地让自己陪伴自己。在大自然中，天空的飞鸟，草原的猛兽，水中的游鱼等，无不到了一定的时间，坚定地让孩子选择它们的天空、它们的草原和它们的江湖。我们今天的教育过程中，太缺少自信，太多的小我，太多的溺爱，太多的为家的收入、为孩子的饭碗，有眼前温饱而无远方的梦想。如何把世界交给孩子，把孩子送入世界，让孩子知道他除了有一个家，更多的还有生活的社区，还有所在的城市、乡村、故乡，还有他所处的这个文化圈、山水田园生态圈，还有这个国家以及这个世界、这个时代。这个世界中微观的离子量子，宏观的地球月球太空，我们得把未来世界的选择权交给孩子们，让他们懂得交友，懂得独立生存，懂得在交友和生存中去锻炼自己多种的能力。以利他之心一而立身，为他人为社会做出贡献，实现自己的价值。

家长要有大格局。三国时刘备和母亲相依为命，靠打草鞋，编草席为生，家里面穷得书也读不起，刘备的母亲让刘备跟着老师学历史讲天下，长大后，母亲说："你要去闯天下，不要总待在家里！"于是刘备才勇敢地走出家门，开启了三分天下光复汉室的人生。

苏东坡的母亲教育儿子，要立大志不辱苏门，不侮国家。教授诗书的同时，经常跟他们讲说古今成败治乱的故事，培养孩子的品德和情操。司马光在苏母的墓志铭里写道："古之人称有国有家者，其兴衰无不本于闺门，今于夫人益见古人之可信也。"称赞她是"勉夫教子，底于光大"的一代贤母。

南宋名将岳飞的母亲岳母，一个乡野认字不多的女性，却用针一针一针地把"精忠报国"4 个字刻在岳飞的背上。

朱德的母亲带着少年朱德，一边在田里劳动，一边鼓励他为国家强盛读书。从朱家几十户人手中攒集盘缠路费，送朱德远出国门，去西方寻求治国救国之道。

毛泽东 17 岁离家出走，写下一首"立志诗"："男儿立志出乡关，学不成名誓不还。埋骨何须桑梓地，人生无处不青山。”

把天下教给孩子，让孩子去闯自己的天地，发挥自己的长板兴趣，将天生我才变成我才馈天，我才为国。

在美国的教育中，小孩很早就树立了国家意识。于是，在他们的电影里，才有超人、蜘蛛侠、蝙蝠侠，靠一人救所有人于水火，在废墟中重建家园，树立拯救地球的人生担当和人生理想。让孩子早日走出家门，不是在家里天天做浩如烟海的作业，为一次一次的考不完的考试成绩，为个人的饭碗内卷。要放手，让孩子更独立，让孩子去面对和解决生活中的各种问题。不要总是回头找妈妈，找爸爸，而是把爱变成养分，变成动力，变成太阳光芒的能量照射和传递的子女，让子女自己去吃赚钱的苦，去吃生活的苦，去享受艰苦奋斗独立自主的快乐！学会感恩，培养隐忍持重的性格，培养包容大气的胸怀，培养咬定青山不放松，翻雪山过草地的意志力，用双脚去丈量自己的长征，用双手去描绘自己的天地，而父母与子女，在同一片蓝天下，同一轮日出下，心心相映，共勉共行。

向孙悟空同学学习

孙悟空同学有不少优点，他忠诚勇敢、聪明过人、本领高强。孙悟空同学精神性格中有“四不”，值得同学们学习。

一是“不要脸”。

孙悟空同学“脸皮厚”，想当初与菩提老祖刚一见面，孙同学倒身便拜，磕头不计其数，口中只道：“师父，师父！”在取经的路上，一遇到难处便马上找观音帮忙，前后多达七次，至于求其他的神仙帮忙那就更加不可计数了。孙悟空虽然平时心高气傲，但求人处，跪下磕头，孙悟空从不脸红。

孙悟空被人骂“泼猴”，他却很幽默，很赖皮，内心强大，没有面子观。这里说的不要脸的意思，就是一个干大事业的人，不要太在意别人说什么，不要奢求天天得表扬，不要奢求人人表扬你，与其当一个小乖乖，不如当一个小调皮。孙悟空同学是一个顽皮孩子的形象，是厚脸皮。中国人有一个面子思想，人活一张脸，树活一张皮。太在乎别人的评价，活得累。任正非说：创业之初面子掉在地上，被人家踩了，我又把它捡起来洗干净，重新贴在脸上。现在，任正非终于重新捡回面子，任正非是一个内心强大的人。“不要脸”，就是一个人不要活在别人的评价中，孙悟空同学不论别人怎么骂泼猴，怎么嘲笑他的长相，孙悟空这张猴脸都过得蛮潇洒的，有光彩，整日嘻嘻哈哈，乐呵呵的。

二是不害怕。

很多人都怕这怕那，瞻前顾后，很多的畏惧，害怕不是真正的现实，害怕是内心在作怪，是假想的，是纸老虎骗人的。托塔李天王率领 10 万天兵天将围剿花果山，孙悟空毫无惧怕。孙悟空经历九九八十一难，什么样的苦，什么样的妖魔鬼怪他都面对了，毫无惧怕。遇水架桥，遇山开路，即使太上老君的炼丹炉三昧真火，也无畏无惧，熬炼出他的金睛火眼，所以不害怕，把怕字从心里抠掉，昂头挺胸，勇敢顽强，具有浑身是胆的英雄气概。

三是不怨恨。

孙悟空同学不怨天尤人，不心生嗔恨。孙悟空被压在五指山下 500 年，他没有对如来佛的怨恨；孙悟空被观音菩萨戴上金箍咒，他没有对观音菩萨怨恨；孙悟空被唐僧师父反复赶走，误解惩罚，也没有对唐僧师父怨恨；孙悟空多次被猪八戒说坏话，也没有对猪八戒怨恨；孙悟空不能在天庭做官，回到自己花果山，也没有对天庭嫉妒怨恨，而是和小猴子们蹦蹦跳跳，自得其乐于水帘洞中，自得其乐于自己的桃花源，享受自封的齐天大王山大王生活，开心得要死。

四是不停步。

孙悟空同学早年跟着菩提老祖拜师学艺，勤学苦练，练得一身好功夫。西行路上孙悟空一直没有停步，每天都在走，迎接日出，送走晚霞，斗罢艰险又出发。双脚一直在路上，没有停步，一直没有放弃梦想与目标。少想多做，少胡思乱想，少坐而论道，做个忙人向前走，天天赶路程。长征是向前走，西游是向前走，中华文民族的文明也是5000年不停步地向前走。人类文明是有韧性地螺旋式上升，曲折式前行。大江东去，滚滚长江东逝水，不朽江河万古流，像孙悟空同学一样，咬定“取经”目标不放松。人生当如江河，一路放歌，一路奔腾不息。

新师说

倡导师道尊严，老师得到尊敬，所传授的道理、知识、技能得到尊重。师者，传道授业解惑也，道者，因材施教也。

但今日教育，不少学校唯作业考试论，学校片面以分数为万能，唯分数唯作业考核把个别老师逼迫成了“鸡娃”的帮凶，以畜牧业思维及考评模式管教育业，不少地方，愈演愈烈，教育局长成了畜牧局长，校长成了董事长，老师成了企业打工仔，学生成了车间产品。

不少老师教了一辈子书，没有做真正的教育，天天忙着用作业考试对学生智商，层层筛选。考而优则胜，考而劣则汰。本身不适合天天作业月月考试的孩子，硬被“一刀切”拉来一起折腾，一个模子，把所有大脑重新铸造出来，全部变成雷同的“方苹果”。结果高分者走进社会未必是优秀者、创造者，低分者则失去发展自我特长的机会。因材施教，“天生我材必有用”，“万类霜天竞自由”成为奢望，没有崇尚思想自由、学习自由、个性自由的校园环境，人人都在忙碌眼前功利，人人都在追分排名，甚至不择手段。

教育，国之根本，家之根本，人之根本。师者，天地君亲师，千家万户香火之至尊也。育人与毁人，是当下教育的“两大丰功伟绩”，不可不察，落在每个孩子身上，更是不可不万分警醒。

思维与能力是一对飞翔的翅膀

在教育并不理想和完美的当下，在高考的指挥棍主导教育学习的当下，我们一边努力适应规则，一边不能捡了芝麻丢了西瓜，忽略了在生活中对孩子思维和能力的浸润与培养。思维和能力是孩子未来成长的基础，是蓝天雄鹰的一对翅膀。

思维是对天天接收的信息进行分析综合，从而提高自己认知，输出信息的过程，一个人每天的思维，是一个人每天的乐趣及生活方式，是生命开出的花朵。未来孩子应细无声地浸润的 12 种思维：逻辑思维、创造思维、系统思维、批判思维、沟通思维、战略思维、辩证思维、历史思维、底线思维、空间思维、符号思维、发散思维。

只有开发自己的能力，把自己的能力最大限度地发挥出来，才能获得大的成功。人的能力是人的精神在生活中一点点修炼出来的能量，是在苦水汗水和成功失败中浸泡出来的本领，未来的人才要在成长中逐步锻炼 9 大能力：健康力、独立力、交往力、学习力、专注力、自律力、抗压力、批判力和创造力。

找到为自己学习的感觉

不是为学习本身而针对分数的学习，就如同为了提高体育成绩的锻炼，而不是为了身体的健康本身。尽管提高体育分数是有利于身体健康的，但是他们的目的和手段还是有差别的，为体育而体育的分数未必真的有利于身体的健康。为分数而学习的学习，人人都参与到这样的竞争中，提高的是分数线，自己完成更多的学习任务是竞争。在这种背景下，我们能否找到一种学习是为了学习的本，是为了自我的提升，为了自我的开悟，而在一定意义上弱化甚至规避竞争，让自己的心更强大，让自己的思想更强大，让自己能走进自由王国的学术境界和自我事业拓展的境界，我想这种路子一定是有的，这样的人生也是美好的，可能这样的学习更多的就是因材施教，因我施教，我行我素，我思故我在，我学故我在，我研究故我在，在我的路上前行，这便是学习的自由，思想的自由。当然，这样的自由就给学习的考核选拔带来了新的挑战和更加复杂的体系，当下这样的教育环境和体系是难以适应这样的自由的，甚至是来不及改变自己以适应这种智能机器人时代的变化需求的。

小学生作文不可太关注技法和错别字

写作首先是语言。语言是自我输出的一种信息，一种能量，带着自己的情感，自己的思想，自己的想象。语言是和古代圣贤的精神交往，是和天地日月的能量交换，是起心动念，是内心的愿力，是内心的善念，是感知天地间的浩然正气。我思故我在，我爱故我在，我说故我在，我写故我在。语言是我，我就是语言。语言是万物投射在自己内心的信息和能量，是内心和万物的信息交换。当我们有了高能量的语言，有了和古今中外天地万物交换能量场的语言，再按一种形式，按照文体要求的框架去对应它那种要求，按照那种要求把语言进行组织编程，然后输出来，就是我们的写作。

语言是和大千世界的能量信息交往，是我心的发愿，是我心的善愿，是我的正大气象和天地正气合二为一，来提高我的维度，提高我的能量场，形成我带高能量的语言词汇。而不是像当下我们教的写作，大量的时间花在研究写作的技法上。小学生作文不可太关注技法和错别字，那是在写作之外讲写作，写了半天，还是写作的门外汉。这就可知像莫言、巴金、沈从文大量没上大学的作家不是教出来的，是生活、阅历激活了内心语言的高维能量场，而所谓写作技巧，只是阅读中借鉴模仿名著名篇获得的一点皮毛而已。

老爸当自强

家中有贤父母，社会有良师友，子女成才之路也。吾为老爸，尤当思之。

爸爸如阳光，儿女是花木，欢歌笑语，春风满面，向阳而生带着满满的正能量。爸爸如哥们，友谊陪伴是孩子一生的底气。爸爸是教练，闭上教训的嘴巴，以手脚说话，把人生演示给儿女看。

艾尔弗说："父亲对孩子的影响巨大，会一点一滴渗入孩子的血液，嵌入孩子的灵魂。"

胡慎之说："人生 90% 的短板，是来自父爱缺席。"

格尔迪说："父亲的出现，是一种特殊的存在，对培养孩子有一种特别的力量。"

达·芬奇说，"父爱可以牺牲自己的一切，包括自己的生命"。

汪曾祺说："多年父子成兄弟。"

林语堂说："父亲一直到老心里都充满梦想，觉得世界是美好的。对我来说，他是最好的榜样。”

杨振宁说：“想起父亲满面焦虑的样子，我常忍着热泪不能自已。”

北岛说：“父亲从来都是穷自己，对家人却很大方。他自己什么都不需要，却努力给家人提供最好的。”

名爸如此，凡夫齐之，达观圆通，自新自强。沉默如山，博大如海，奔腾如江，坚毅如钢。

五乐人生，不亦乐乎！

仁者乐山。山的高大巍峨，山的坚固宁静，如人的秉性德行，万寿无疆，宁静致远，生养万物。

智者乐水。水奔腾好动，欢乐向前，变化万千，如人的奋发图强，利世间万物而不争。

仁者智者以山水怡情，以山水为美。在游历山水中，达到天人合一之境。

儒者乐学。通习儒家经书的人。汉代以后泛指一般读书人。儒者风范是我国古代许多文人学者非常推崇的一种人格倾向。所谓儒，实际就是温文儒雅，谦恭礼让。古代的儒者就是传授六艺的人。六艺指的是礼、乐、射、御、书、数。终身学习，在书本，在图书馆，在学习里穷万物之理，探索世界，与古今中外贤达圣人对话。

道者乐思。参悟天地人生，探寻万物之理。笛卡尔说："我思故我在。"让真理，让世间万物进入我的思维。投射，检验，从而得出自己的判断和发现。

强者乐业。艰苦奋斗，勇敢顽强，励精图治，创造事业。通过修身达到齐家治国平天下，为社会做出我的贡献，文化的、艺术的、经济的、政治的、科技的，无论哪一方面的贡献，工农商学兵，72 行，人生百业，皆可利他，皆可助人为乐。在事业中修行，在事业中升华自我。

毛泽东的窑洞书房

司马迁被处腐刑，忍辱负重于狱中写成“究天人之际，通古今之变，成一家之言”的《史记》。塞万提斯含冤狱中写出著名的《唐·吉诃德》，是欧洲文学史上的第一部现代小说。毛泽东在延安窑洞阴暗潮湿的环境中，只有一铺炕、一张石凳子，却以惊人的毅力、巨大的勇气，夜以继日，写就了催生新中国的《论持久战》《实践论》《矛盾论》。人身内的精神力量，人格力量，信仰力量，使他从小我，连接大我，寄陋室而观天下，其兴趣、意志、幸福、快乐，皆在内心宇宙之中，如皓月当空，如红日东升，连通内外两个宇宙，何处不可体验人生的深情与壮美，何处不可感知诗意与远方，何处不可成就卓越与伟大。

看了毛泽东的窑洞书房，我们精神上要有一个窑洞书房。

让孩子撒点野吧

当下教育，特别需要释放孩子的天性，包容孩子一点的野性。当下的孩子越来越温顺得像绵羊，越来越像温室里的花朵。孩子的时间全在教室、博物馆、图书馆、科技馆熏陶，缺少田野劳动，缺少大自然春夏秋冬的体验，孩子变得身体柔弱，性格柔弱，思想柔弱，精神柔弱，变得过于细腻，过于纤巧，过于听话。缺少粗犷，缺少勇敢，缺少创造，童年、青少年时期都在标准答案的圈里生活。天天对标准答案，天天改错，不容许犯一点错。孩子变得唯唯诺诺，不敢突破，不敢标新立异，直接影响了孩子个性张扬和思维独立。

让孩子在田园在自然中去释放天性，适当的野心是顽强的生命力所需要的，是孩子坚强性格、独立精神所需要的，是孩子学习知识创造世界所需要的。毛泽东在很小的时候逃课，挑战私塾老师，写出了“井赞”，喊出“只喝井里水，永远养不长”。毛泽东在稍微大一点的时候又挑战父亲，曾经一天一夜逃学不回家，最后离家出走，写下豪言壮语：“孩儿立志出乡关，学不成名誓不还。埋骨何须桑梓地，人生无处不青山。”今天的孩子，圈养有余，放养不足，背诵太多，创造不足，太需要野蛮其体魄，粗犷其性格，强大其精神。圈养的温床，正造成对生命能量消减，对生命精气神扼杀。在机器人与人工智能代替人脑人手的今天，我们更要检讨我们的标准答案教育，我们更要深思如何让男孩子多一点阳刚之气，女孩子多一点优雅之气，少一点学究气，迂腐之气，宠物之气，更不要在小学去提倡什么双百分，上课手背好之类的东西。

德国，一个人口只有八千万的国家，拿下了将近一半的诺贝尔奖，成为获得诺贝尔奖最多的国家，他们国家，更注重让孩子在成长过程中主动去思考，轻松地面对学习，去大自然放飞童年。反观我们的父母，为了让孩子能够上一个好的大学，从小就计算孩子的分数，孩子在父母老师的督促之下，天天练标准答案，练规矩，比谁乖，远离大自然，远离田园，天性没有得到释放，创造性思维没有得到鼓励。撒娇有余，撒野不足；“驯化”有余，“野性”不足。

如何培养出一个自信的孩子

中国的孩子一直在听话中长大，在标准框框中长大，在标准答案的考分中长大，缺少个性的张扬，缺少自我的表达，缺少幽默感，缺少豪迈气，缺少灰度自我空间。天天家长就问，今天听老师话没有？今天违反纪律没有？在这样的环境中，学生从小学到大学唯唯诺诺，怕犯错，怕人笑，怕丢人现眼。缺乏在人前展示自己、表现自己的信心和勇气，对事业人生担当的自信不够。

青少年的自信比成绩更重要。敢于亮剑，敢于学习，敢于担当，过自信的自己的人生。有《庄子·逍遥游》的鲲鹏展翅的大气，有大唐李白仰笑大笑出门去的豪迈，有毛泽东恰同学少年风华正茂的远大抱负与昂扬斗志。

第一，欣赏孩子的长相。

孩子很帅，让孩子在自己的镜子里也看自己长得帅，笑得帅，说话的声音很帅。孩子你是世间唯一的，是父母心里最帅的，唯一也可以说是第一，“天生我材必有用”。

第二，让孩子自主选择自己的服装。

孩子自己会穿着打扮自己，有自我美感，自我气质的塑造能力。如果天天校服，孩子连衣服都不会选择，失去自我审美能力。

第三，包容孩子的缺点。

不要对孩子太多的批评，多包容。有的缺点看着别急着说出来，说就强化了缺点，少用负能量词语。

第四，多表扬奖励孩子的优点。

多奖励孩子，在孩子的短处，在他的缺点中找到他的优点，某个字好，某句话好。对孩子的学习任务完成不好，考试成绩出现的缺点不要过于看重，自信比成绩重要，乐观比学习任务重要。

第五，艺术地满足孩子的需求。

孩子有什么需求，不要一下就否定了，让他今后不敢说出他的需求来，实在不行，可以延迟满足孩子的需求。

第六，给孩子当家做主的机会。

更多的事情，让孩子做主，早点成为小当家，别溺爱宠爱，别大包大揽地包办孩子童年。

第七，支持孩子发挥他的特长。

陪着孩子，支持孩子探索自己兴趣爱好方面的东西。爱好、特长是孩子长板。

第八，把孩子的成果成就展示出来。

分享孩子成果。在家里墙面或其他环境给孩子更多展示机会与舞台。自信更多是一种锻炼出的能力。

第九，让孩子更多的和他的玩伴玩。

让孩子和他的朋友玩，回到孩子的天地里，不要总是在大人的天地里当跟班，孩子要有自己的环境与世界。

第十，让孩子走路的时候昂首挺胸，有点脾气，有点霸气。

脾气和霸气是孩子的一点狼性，内圣外王，草原上的狼性是一点攻击性挑战性，而不能太羊羔子味道。孩子自信满满的样子走在路上，有了自信满满的样子，昂首挺胸就有天地人的这种感觉，一个大写的人精气神儿就出来了。

六一寄语

美哉，少年！怀揣童心，肩负使命，自强不息，厚德载物。有修齐治平的儒家奋斗精神，更有《庄子·逍遥游》的四大境界：不滞于物，不困于心，不乱于人，不失本性。自得其乐，自力更生，自成一格，一生逍遥游于天地间。

美哉，少年！有“日月之行，若出其中；星汉灿烂，若出其里”的胸怀；有“长风破浪会有时，直挂云帆济沧海”的豪迈；有“仰天大笑出门去，我辈岂是蓬蒿人”的达观。

美哉，少年！鲜衣怒马，不负韶华。登高壮观，大好河山。邀月把盏，烟火人间。岁月常青，一生少年。

一本书像一只雄鹰

儿子，整个小学初中阶段，最重要的不是成绩，不是分数，不是反复训练的作业题，即使每一科考一百分，都不是重要的，也不一定是最优秀的学生。你记住，最重要的是你自己按计划读书。在你快乐生活、快乐歌唱、经常运动的同时，读好书，读名著，读文学名著，读数学名著，读科学名著。激发读书的兴趣，掌握读书的方法，养成读书的习惯，培育读书的品质。在读书中思考、批注、写作，并让读书与生活实践结合起来，学以致用。书香伴我成长路，天天如此，一辈子如此，乐在其中，必有所成。

好书是你最好的朋友，好书是你生命的甘露，好书让你实现梦想，好书让你充满力量，好书让你走向远方。儿子，送你小诗一首《一本书像一只雄鹰》：

一本书像一只雄鹰

带你去天空遨翔

一本书像一条巨鲸
带你去大海逐浪
一本书像一只恐龙
带你去远古探寻
一本书像一匹骏马
带你去边塞沙场
一本书像春风十里
送来田野花香
一本书像清晨日出
送来万丈光芒

（诗后记：与其追逐人生未来的变化，不如想透人生未来什么是不变的。从底层逻和本质思维上悟透复杂的人生系统。亚里士多德说："每个系统中存在一个最基本的命题，它不能被违背或删除。"在本质命题上经营人生，那么人生一定基业长青。教育何常不是这样呢？何况人的教育系统只是人生的系统。当下的教育焦虑，减负增负的争吵，大多是利益固化下各方对教育本质的干扰，清醒者务必勇敢跳出人为给教育布的那个局。

青少年读书求学，当从健康、快乐、创造、利他、能量五个不变公理下找出自己一生不变之信仰目标，而为笃行者。）

从9个视角看过度保护孩子的伤害

冯梦龙《古今谭概》中有则“翠鸟移巢”的寓言：“翠鸟先高作巢以避患，及生子，爱之，恐坠，稍下作巢。子长羽毛，复益爱之，又更下巢，而人遂得而取之矣。”翠鸟因爱其子，作巢过于低矮，从而导致小鸟被人捉走。韩非子说：“夫严家无悍虏，而慈母有败子。”“爱之太殷，忧之太勤”，孩子反而会因溺爱反受其害，能力得不到锻炼而低下，或是养成任性、骄狂的习性，甚至走上歧途。父母给孩子打造出来一个无菌的环境，最后只会将孩子变成一个废物。

在孩子的成长过程中，家长不能过度保护和溺爱孩子，要学会“酷”爱。据说老鹰会将孩子推下悬崖让其练习飞翔，小鹰在刚开始的时候肯定会感到恐惧和不安，但这是让小鹰学会飞翔的必要步骤。当小鹰被推下悬崖的那一刻，它们会本能地展开翅膀，学会飞翔。这个过程对于小鹰来说是非常关键的，因为这使它们能够在未来独立地生活和捕食。这个故事就是在启示我们，父母在关键时刻应该要“残酷”一点，逼迫孩子独立成长，而不是过度保护和溺爱孩子。父母这样的严厉和逼迫可以激发孩子的本能和能力，帮助他们在未来的生活中更好地适应和成长。

曾经，有一则“北大男生 12 年不回家，拉黑父母 6 年，还写万字控诉长文”的新闻在朋友圈里刷屏。说有位高考理科“状元”、北大本科、留美硕士张甲（化名）走上了与家庭决裂的道路，而他将这结果的根源归结于父母的“过度关爱”。在他长达一万多字的控诉信中，充斥着负面词汇：“我母亲一直倾向于把我关在家里，喜欢按自己的喜好包办事情。”整个中小学期间，张甲的所有社交圈子几乎都在生活的大院里。考上北大后，又被父母交托给北京的大姨去照顾，依然脱离不了父母的“控制”。于是，张甲凭着英语优势出国读研，希望远离这份沉重的关爱。然而，父母的“关爱”却如影随形，随后就又为他找了一位“老朋友”照顾。被“爱”裹挟得透不过气的张甲，终于拉黑了与父母所有的联系方式，与“家”彻底告别。他不再主动联系家人，也几乎不回复任何信息。张甲的的经历，为家庭教育敲响了警钟。

如果家长不懂得放手，不懂“看得惯”的艺术，过度介入孩子的学习与生活，过度介入孩子的交往圈子，过度保护孩子，最终会对孩子造成很大伤害，使孩子出现不同程度的

"9 大弱症"。

1. 发育力

从爬行不足到玩耍不足，从自然体验不足到社会体验不足，过度保护孩子，让孩子从身体，到大脑突触发育不足。

2. 独立力

独立生活，独立学习能力不足。

3. 社交力

不合群，社会交往能力差。

4. 适应力

难适应变化，难适应新环境，害怕困难。

5. 爱心力

友爱，大爱，爱情能力弱，眷恋"小窝"，缺乏国家天下之爱。依恋父母，同时又对抗父母。

6. 抗压力

抗挫折、抗打击、抗重压能力弱，不能负重前行。

7. 免疫力

弱不经风，身体多病，免疫力下降，心理影响生理健康。

8. 意志力

精神能量不强大，坚韧品格、坚强意志没得到磨炼。

9. 成长力

发展潜力不足，自我成长动力不足，难成大器，难创大业。

在孩子的教育过程中，家长自然不可缺席，但也不能过度强势介入。就算你是一只矫健的老鹰，你也不可能一直带着孩子飞。从管孩子到放手不管孩子，是教育科学与艺术，全在一个度字。教育有度，人生有度，适则为幸，过则为灾。教不求盈，月盈则亏，育不求盛，花盛则凋。言过生厌，物极必反。不及难成，过之易折。内力与外力，力与反作用力，此消彼长。杜绝“9 大弱症”，家长诸君当收放得当，宽严有度。

7岁去哪里玩？

——给孩子的第一封家书

孩子：

你幼儿园马上就快毕业了，你也快7岁了，爸妈都开心，你也很开心吧！幼儿园毕业我们怎么庆祝，你设计好方案，我们帮你落实。

童年要开开心心地玩，为了让你玩好，加上幼儿园老师又这么好，我们让你在幼儿园多读了一年，不然，你也像身边很多孩子一样，该小学一年级毕业了。不过，你在幼儿园期间，自学了不少小学的知识，养成了自学的习惯，这是很值得表扬的。

幼儿园快毕业了，你玩的内容也要换了，从玩魔方、乐高、游乐园，到玩篮球、乒乓球，玩自然山水，玩田园耕读，玩阅读，玩写作，玩数学游戏，去科技馆玩，去图书馆玩，去美术馆玩……你的玩伴从社区与幼儿园的小朋友，变成学习上优秀的同学，变成参赛的赛友，变成同行的队友，变成书本里的古今中外的数学家、科学家、文学家、艺术家、政治家、企业家。你爱上他们，喜欢他们，他们也爱你，喜欢你，他们也想做你的玩伴，做好朋友。

是的，最好玩的是学习。孩子，在知识的山水田野，在知识的星辰大海，尽情玩吧，快乐成长吧，祝福你幼儿园毕业，走进小学，成为小学玩运动、玩学习的带头人。

孩子生日赠言

当天生的爱好发展成为一个强烈的愿望时，一个人会以惊人的速度向他的目标大跨步地奔去。

——尼古拉·特斯拉

当一个人，天性接通使命，兴趣接通意志，生命接通天地——个体心身与天地精神、爱情、思想、能量、规律、频率、数据自由往来，那么，他的眼睛就是千里眼，他的耳朵就是顺风耳，他脚下就有筋斗云，他就接通了过去、现在与未来。他就是宇宙的一根毫毛，他就是战胜 81 难、有 72 变的美名天下传的孙悟空。

——孩子的 7 岁生日赠言

“三自”歌

自律就是自己管理自己，自己教育自己，自己约束自己。人是高级动物，有头脑、有思维，人是需要有自控力的。人生是否能有所作为，靠的就是自律精神，若没有自律，就会受到他律，也就不能把控自己的人生。

学习为我们前行提供无穷的动力，人生在校学习的时间毕竟只是很短，也就更需要自学。一个人的自学是长期的，做人要树立终身学习的理念，活到老学到老。正如刘向所说：“少而好学，如日出之阳；壮而好学，如日中之光；老而好学，如炳烛之明。”

自强是实现个人价值、促进个人成长、成就事业的关键因素。在现实生活中，很多人总是喜欢依赖别人，这就是做人缺乏自强。有了自强意识，才能充分发挥自己的主观能动性。“天行健，君子以自强不息”，自强可以增强个人的自信心，使青春的步伐永不停歇，对我们的人生极其重要。

自律、自学、自强，三者之间相互联系，互为作为。只要掌握了这三把钥匙，就能将复杂变为简洁，化消极为积极，化被动为主动，就能开启丰富多彩的人生。为此，赋一首《“三自”歌》以示儿，希望他能努力开启自己美好的人生：

自律自己管自己，
计划行动要合理。
自学无涯乐作舟，
一路风景多神奇。
自强当为天下计，
立心立命开万世。

孩子放学随意聊天中的不随意

那一次，我因生病不得不在家卧床休养。本以为会因此耽误对孩子的教育，心里很焦急。可令人意外的是，我却“因祸得福”，原本因严格教育略显紧张的亲子关系却意外地得到了改善。卧床的第一天，因身体原因不能如平日里那样高高在上地要求甚至指责孩子。因为身体不适的原因，对孩子说话时的语气都随之变得轻声细语了起来。本以为自己身体不适，孩子会趁乱作妖，可是令人意外的是，孩子反倒比平时更愿意接近我了。他不仅对我嘘寒问暖，甚至还主动同妈妈商量，如何给我做适合病情的饭菜。而我与孩子说话的内容也不再只是学习学习，而是更多生活里的细小事务，甚至有时似乎有些无话找话说。说话的语气也不再只是严肃，而更多和蔼与亲切。孩子也不再有任何抵触的情绪，更乐意与我交流。

这次经历，让我陷入了沉思，于是，在对孩子的教育中，我不再那么“正儿八经”，而是将教育融入生活的细节里，融入许许多多的“不经意”之中：

孩子，来帮帮老爸！——需要

谢谢你！——感动

今天有什么有趣的？——快乐

今天有新收获没有？——进步

我发现一首歌特好听，你欣赏一下不？——审美与分享

我写文章去了，那你去忙你自己的吧——自主与时间

孩子常常不愿与父母聊天，父母教育效果常引孩子反感反向，或聊就聊死。皆因父母只关心孩子是否如自己所期望的“那样”，而并不在意孩子需要“哪样”，或此刻正处于“哪样”。教育目的只想达到自己所愿，说话只图自己畅快，思考不够，艺术不够，学习不够。与孩子聊天别添堵别添烦别纠结，话带能量，心带阳光，时间不超 3 分钟，引来阳春满面风。

八大刺激与三大系统

美国教育学博士珍妮特·沃斯和新西兰学者戈登·德莱顿所著的《学习的革命》中有这样一段话:“把握关键的几年:从出生到八岁。其实很多家长都不会关心这个阶段,任由他们在这个时间段虚度。其实男孩和女孩在 4 岁前都可达到相当于 17 岁时所测定智力的 50%,4 岁至 8 岁间,发展另外 30%,后 20% 在 8 岁至 17 岁间完成。这个关键时期好了就可以通向未来成功之路。”这段话明确告诫我们,学前孩子教育的重要性。而许多家长在教育孩子时,空有焦虑之心,而不得其法。我们可以通过八大刺激提高学前孩子智商:

1. 平衡食物睡眠刺激,
2. 名山大水田园风光刺激,
3. 运动刺激,
4. 音乐绘画艺术刺激,
5. 游戏刺激,
6. 群体榜样刺激,

7. 城市名胜游历刺激，

8. 阅读刺激。

经历了学前教育，孩子的智力达到一个理想状态，家长依然不可松懈。8 岁以后，到 17 岁这段时间，孩子的教育进入另一个关键期。我们可构建三大系统帮助孩子成才：

1. 性灵系统（天性本性心性悟性，自觉）

2. 梦想系统（立志，阶段，图像，价质，使命）

3. 能量系统——外能智慧系统（自学，图书，玩伴，环境，偶像，应用）、内能精神系统（自励：去平庸，负熵，兴趣，信心，习惯，行动）

五感能量教育

教育要记忆，要训练，要分数。但教育本质不是记忆，不是训练，不是分数。

教育本质是唤醒心灵，唤醒内心的睡狮，唤醒内心的圣人，本质是激发生命的潜能，激发每个细胞的热能，从接受阳光雨露，到生命自我发光。考试优秀是一时的优秀，学校的优秀是“标准答案的优秀”，要集小优秀为大优秀，集眼前优秀为一生优秀。要让孩子走进一个个“场”中——挫折场、苦难场、协作场、爱心场、书香场、竞赛场、田园场、科学场、风景场、精神场……去淬取生存力、发展力、创造力。让“小我”成就为满腔热情、天地怀抱的“大我”。以“五感”激发生命能量，培养自主学习。培养出自学、自制、自强“三自”人生。咬着目标，日新月异。

安全感：无恐吓，无责备，无打击。一为基础感受。

自由感：我的人生我做主。自由自在心流涌，万物皆备于我，我与万类竞自由。二为权力感受。

游戏感：美的意境及玩的痴迷专注，无功无利，乐在其中。三为诗意感受。

成就感：乐于助人，一路掌声一路歌，激励需要短期激励。四为报酬感受。

使命感：家国担当，人生信仰。攻坚克难，谋天下苍生之福，通日月星辰之道。五为价值感受。

五感教育，涓涓细流，不急不躁，向阳而生。孩子成长过程，是生命持续积蓄能量的过程，内圣外王，人人皆可成舜尧。

七度思维，成就卓越人生

曾经看过一个故事。山村里住着一户人家，三个男娃从小生活在父母无休止的争吵当中，一点点便有了对婚姻的不同看法。老大，妈妈太可怜了，我以后要对老婆好点。几年后他有了美满的生活，去了个繁华的城市。老二：结婚太没有意思，我长大了一定不结婚。结果一直孤家寡人，钱没攒下，四处飘零，最后只得回到父母老屋中终老。老三：原来，老公是可以这样打老婆的啊。结果，他的婚姻，结了离，离了结，在吵吵闹闹中白了头发，生了皱纹。这三人，同父母，同环境，但他们有不同的思维方式，而不同的思维方式又将他们引向不同的人生路口，过着迥然不同的生活。

可见，人之不同，非长相外貌，全在思维。孩子的学习之事，亦唯思维二字，不可不察。人与人之间的差距往往源于思维方式的不同，我们的思维方式决定了我们的命运。不同的思维方式，会让看似相同的时间和资源，在不同的人那里，产生截然不同的结果，最终导致人与人之间的差距越来越大。

思维目标的亮度，目标犹如灯塔，照耀一时一日，一年一生；

思维视野的广度，多维转换，全境扫描；

思维质量的深度，否定之否定，思维之钻头，打穿隧道，豁然开朗；

思维挑战的强度，人生本质是克服磨擦阻力做功，跳起投篮，跨栏前行；

思维主客体的角度，换位转化，抽身转化，变形转化，幽默转化；

思维激励的愉悦度，阶段奖励，时时反馈；

思维时空的长度，微观，中观，宏观，沉浸其间，心流生焉，心身合一，顿悟灵感，漫漫旅途，恍若瞬间。

顽皮的女皇

——数学

高斯说数学是科学的女皇。然后在每一道具体数学题目中，数学女皇又变成一个喜欢捉谜藏的顽皮的孩子。

他（她）总是东躲西藏，让你转过一个又一个弯又找他（她），让你津津有味去寻找，让你在找的过程中体验快乐，挑战的游戏的快乐，美妙的风景的快乐，流动的弦律的快乐，深情的玩伴的快乐。当你找到时，呵，原来你在这里，你把深藏的他（她）找出来，让大家都看得见，永远都看得见，是的，他（她）也好想出来，亮出真容，他（她）才不想永远藏下去呢，只是规则像魔法，让他（她）不能自己出来，等你去找到他（她），“救”出他（她）来！

著名数学家陈景润，在攻克歌德巴赫猜想方面做出了重大贡献，创立了著名的“陈氏定理”。这位被人们亲切地称为“数学王子”的数学家，其迷上数学，却是源于一段有趣的经历。一天，沈元老师在数学课上给大家讲了一个故事："200年前，有个法国人发现了一个有趣的现象：6=3+3，8=5+3，10=5+5，12=5+7，28=5+23，100=11+89。每个大于4的偶数都可以表示为两个奇数之和。因为这个结论没有得到证明，所以还是一个猜想。数学家欧拉说过：'虽然我不能证明它，但是我确信这个结论是正确的。它像一个美丽的光环，在我们不远的前方闪耀着眩目的光辉。'……"陈景润被老师讲的故事迷住了，对这个奇妙问题产生了浓厚的兴趣。于是，他与这数学之谜结下了不解之缘。兴趣是第一老师，正是这样的数学故事，引发了陈景润的兴趣，引发了他的勤奋，让他发现了数学王国里无尽的乐趣，从而成就了一位伟大的数学家。

苦是合成生命的碳元素

著名主持人白岩松在教育儿子白清扬方面有着令人信服的经验，儿子很少在公众面前露面，这是因为他不希望自己的光环影响了孩子的正常成长。事实上，在白岩松的教育方式引导下，白清扬成长得十分优秀。至于对孩子的教育，白岩松的教育方式很特别，他坚持的吃苦式教育也让很多家长深以为然。显然让孩子吃苦和当下很多家长的理念不同，很多父母自己从苦难中走过来，便希望孩子不再吃自己当年的那些苦，于是便竭尽所能为孩子创造优越的生活条件，故意不让孩子吃苦。而白岩松说，正确的教育方式，是要让孩子吃三种苦：没钱的苦让孩子懂得珍惜和节约，失败的苦让孩子更加坚强有抗挫力，读书的苦让孩子拥有人生的目标，更懂人生的意义。显然这三种苦哪一种都让人觉得生活有点难，但是吃得下这些苦，确实可以让孩子成长得更茁壮。

无苦可吃，是当下学生成长的流行病。

人生有五味，学生从小到大生在蜜窝，只吃甜了，酸苦麻辣皆父母帮其吃了。

一切包安排，子女无主见，一切包承担，子女无责任，一切包照料，子女无实践，一切包控制，子女无自律。

以爱的名义废了子女，慧爱成溺爱，溺爱成慢性毒药，假如要害你我就溺爱你，天下父母不可不察。

无苦人生，如无五音不成曲，如无五色不成画，营养不良，终成巨婴，成软体。

心智不开，激情不燃。

人生本质是抗压而生，人生本质是克服阻力做功，人成长的过程是远离舒适区、对抗“熵增”做功的过程。苦是对抗“熵增”不可少的重要元素，如合成生命的碳元素。

也有有心父母，人为制造“苦”与子女，旨在锻炼孩子心智。其初心甚好，然所造之苦不切实际，或不能彻底，便无其效，乃至画虎不成反类犬。是为“伪吃苦”，如电视台《变形记》之类节目，皆有此嫌疑。无苦可吃与伪吃苦，实质相同，皆不利于孩子成长，为人父母，不可不察。

有位教师朋友，与我分享了他的一篇教育孩子的文章《我送儿子去打工》，从中可以看出教育子女的良苦用心，也可以看出教育子女的许多无奈。我们或可获取一些启发：

不知什么时候，突然发现，心目中曾令人骄傲的儿子变了。

儿子变得不爱学习，沉溺于玩电脑游戏，课堂上精神萎靡，学习成绩自然是一塌糊涂。突然看清这样一个事实，我是那样的不知所措。

我们夫妻都是教师，这些年来，我都记不清送走了多少优秀的学生，却根本未曾料到，自己的儿子会是这样。

尝试过许多方法引导儿子，尝试着与儿子沟通，尝试着唤醒儿子的迷失……然而，现实却很残酷，儿子缺乏人生的责任感，学习自然找不到丝毫动力。

缺乏兴趣的事，又哪能做好呢？我明白。

在很多教育方式的尝试都宣告失败之后，我真的陷入了迷惘。

如何才能迅速地让儿子明白人生的意义？如何才能让他明白自己其实应该承担许多的责任呢？我没少思考过这个问题。

一个电视节目，把我带回到贫困的农村，带回到辛劳的少年……我忽然闪现出一个念头：如果，让儿子亲身体验一下社会，认识一下社会，他会不会从中意识到自己肩上的责任呢？

于是，我决定让儿子辍学，去打工。

知道这个决定，儿子自然是不同意，信誓旦旦地保证，自己今后会努力学习，他要求给他一年的机会。

听着儿子的保证，我心软了，先前坚定的心在动摇着。

然而，冷静下来，我回味着儿子曾经多次的保证，我知道，这一次，也会因我的心软而成为其中的又一次。

我不再犹豫，强忍心中的痛楚，送儿子出家门。

在一个朋友的公司，在一间简陋的寝室，我替儿子做完了一切安顿，准备离开了。

儿子坐着，沉默不语。

我忽然想哭。

不敢多看一眼儿子，别过头的简单几句勉励，便匆匆逃走了。

快深夜了，儿子，离开了家的儿子，你现在在做什么呢？你是否感到了孤单？是否也在想念着父母想念着家？你有没有一丝触动，一点悔恨呢？

好想，好想明天便接你回家，接你回到教室。

可是，我知道，我不能这样做。

让孩子做学习主人的“五法”

当下家庭教育里，很多家长都苦恼，孩子学习不自觉，让人费心。甚至连学校老师也感慨，学生学习依赖性太强，学习过程中，处处透着家长的影子。与此同时，孩子自主学习能力越来越差，孩子不是学习主人，老师家长成了学习主人。这样情形继续下去，不仅会严重影响孩子的学习自信心，甚至还可能导致其产生厌学情绪。殊不知，这样的状况，原本就是家长的教育之误。我们应该明白一个道理，教是为了不教，让孩子早做自己家长。坚持“五法”，让孩子早做学习主人。

1. 激发长板让其自信。

人人皆有长板，发现之，增长之。自信的孩子，才能积极面对挫折，也能坦然体验成功的快乐。

2. 给足空间让其自主。

孩子时间空间，不宜家长过细安排，孩子被动执行。应当“我的世界我做主”，“穷人的孩子早当家”。

3. 设置情境让其自乐。

伙伴伴之，游戏诱之，沉浸其间，细物无声，心流涓涓。

4. 树立梦想让其自强。

儿女当自强，父母当示弱。小我变大我，小家变天下。

5. 阶段庆祝让其自豪。

表扬之，庆祝之，吃一顿，游一次，请好朋友或家族分享。鼓励自豪感，让其激情飞扬。

教育孩子自己支配学习，做学习的主人。教育孩子是家长的职责，孩子学习的成功是家长最大的期望，培养孩子的过程中，授人以鱼不如授人以渔，让孩子拥有自主学习和思维的能力，学习就会有长足的进步，也就有了终身学习的能力。

一生梦想与周周目标

人们都有个梦想，人们都放弃了梦想。

世间之人，大多如此。

放弃是易，坚持是难，放弃是休闲，坚持是做功。一不留神，梦想就放弃了一周，一月，一年，一生。青春蹉跎，岁月流逝，平生虚度。

梦想既定，如何亲近梦想，胸怀梦想，携手梦想？真正有梦想之人，应与梦想为琴乐之，为景赏之，为伴友之，甘甜同之，苦难共之。

不违背梦想，不离弃梦想，不自欺欺人。用小目标激励法增强自己信心，迈小步，不停步，持续行动会带来滚雪球效应，从而最终实现梦想。将梦想化作小目标，一日一目标，一周一目标。晨起默念目标，夕寝回顾目标，周一默念目标，周末回顾目标，天天如是，周周如是，天天向上，周周向前。荒芜不生，诱惑不侵，时间有节奏感，成长有旋律感。习惯养成，弥恒弥坚。梦想习惯化为生活习惯、学习习惯、工作习惯、思维习惯。四大习惯养成，梦想成为本能，优秀成为本能。

梦想不说大话，一生难以尽观。唯日日见，周周见，树立目标观，养成目标观，才是真梦想，才算真立志。对照目标行动，做一个自觉的人；围绕目标努力，做一个专注的人；保证目标实现，做一个靠谱的人！

“志不强者智不达”（《墨子·修身》），有梦想方能实现梦想之行，方显实现梦想之智。一生一个梦想，一周一个目标。不负一晨日出，不负一晚月明。

生理与精神两个胃口

人的本性需求表现在物质需求与精神需求两个方面，满足物质需求能让人活着，满足精神需求能让人更好地活着。物质的保障是为了满足精神的富足，而精神的富足才是人生的终极目标。所以，有追求的人，在满足基本的物质需要的同时，一定不会忘记满足自己的精神需求。

随着社会的发展，人们生活水平越来越高，父母给孩子的物质选择也越来越多。这就使我们在教育孩子时面临如何平衡物质与精神的问题。其实，很多时候孩子最想得到的东西并不只是物质，他们对精神的需求要远远高于物质需求。比如，即使是一个婴幼儿，在与其母亲分开很久后相聚时，往往也会大哭着抓住妈妈的头发不让离开。孩子希望妈妈能够多陪陪自己，在妈妈离开时也试图和妈妈一起走。这便形象地告诉我们，精神需求是人的天性，而我们往往忽略了这天性。在孩子最需要精神需求时，父母却忙着给孩子提供更好的物质生活，等到孩子长大，便无法弥补孩子童年的缺失。

随着孩子的长大，如何平衡两者的关系便显得越来越重要。生理的胃口保证身体发育，精神的胃口保证精神发育。培养无形的精神胃口，让精神发育得强大、高贵，与梦想相连，与圣人相悦，与天地相合。阅读、演算、实验、践行，在思想的太空遨翔，在知识的海洋畅游，在智慧的路上欣赏。书中寻乐，心中寻乐，脑中寻乐，自得其乐，身外之物的变化不能改变夺走自我的与意志力同样强大的快乐。

精神的胃口求繁，物质的胃口求简。卓越的人顾及物质的胃口，更专注于精神的胃口，精神与身体一同强大。然而，身体的强大是有限的，到20岁左右达到了顶峰，之后便是保持；精神的强大却是无限的，精神的发育伴随一生。

不少父母在孩子阶段注重物质的胃口，而忽略了培养精神的胃口，弱化了精神的发育。于是，青春之后停止了发育，身体定型，而被弱化的精神胃口的功能也随之彻底萎缩了。孩子或有强健之体，而无卓越之智，人生也流于平庸，于无聊中荒度岁月。

“无梦想”与“有梦想”

兴趣的发育与梦想的发育需要这样的土壤：

喜欢的游戏，喜欢的同伴，喜欢的老师，喜欢的书本，喜欢的课目，喜欢的活动，喜欢的环境。

爱的迁移转化为使命，使命转化为兴趣。我们当发现之，培养之，灌溉之，让其升为梦想，让其与身体发育，与情感发育，与思维发育，与意志发育，四方面同步。

学生成长，未必要高分，未必要名校，反复复习的高分，反复考试的名校，以伤害兴趣的学习，以没有梦想的学习，皆难大成，皆难恒久一生。学生与人的成长，新可补旧，后可补前，勤可补拙，以前不大懂，未获高分的考点，几年后看，根本不算一回事！

故梦想重要，强大的一生的梦想，胜过眼前一切暂时的高分，胜过反复复习训练而无梦想兴趣参与的高分，这暂时的高分，可能是一种虚幻，不能陪伴一生。伟大的成功的人生，是梦想的燃烧提供的持之以恒匀速不绝的动力，出现复利的奇迹！

无梦想的暂时成功，如山顶之草；有梦想的不断奋斗，如涧底之松。松虽处于涧底，而自有奋发之势，来日必成大器；草纵长于山顶，而乏挺拔之力，结果只能枯萎。

学生成长双轨：梦想与时间

教育方法、教育理论千变万化，就本质而言，是梦想与时间。可以说，梦想与时间是学生成长的两个轨道。行驶轨道之上的学生，一定是优秀的学生；行驶轨道之上的人生，一定是卓越的人生。

何为梦想？有多少学生真正有梦想？有多少家庭真正有梦想？梦想是100次以上梦中遇见，是长年梦里梦外的相思与相悦。梦想是子女自己心灵的原野长出的树苗，不是家长梦想的移栽；梦想是子女自我的需要，从精神需要到生理需要，如同人要吃饭，而不是额外增加的“作业”；梦想是子女兴趣的游戏，一生都是诗意、激情、春天的相伴，“慢慢走，欣赏啊”，梦想的路上总是万紫千红，柳暗花明；梦想是子女自主的过程，是磨炼心性，“文明其精神，野蛮其体魄”，是艰苦奋斗、自强不息的过程；梦想是使命，是担当，是事业，是责任，是深沉的爱和忠诚的守望，格局从小我到大我的跨越，胸怀从小爱到大爱的升华。默默地看见梦想与子女身体一起成长，家长把自己化作春雨、阳光、清风，有时也是暴雨与雪花。然后家长慢慢地各忙各的，相望偕行，做同道友人。

梦想之花木要用时间来浇灌，时间是什么？

时间是具体的数字化了的生命；

时间是最珍贵的可加工转化为万物的资源；

时间是日月星辰与人的一段情缘；

时间是春夏秋冬的轮回；

时间是二十四节气的生产与生活；

时间是每天清晨喷薄而出的旭日；

时间是每天十二时辰与人生的全息投射；

时间是一年一年点燃又吹灭的生日蜡烛，和在音乐中与人分享的生日蛋糕；

时间是好与差，快与慢，多与少，高与低的效率，在分与秒的嘀嗒声中，记录着不同的价值与收获；

时间是计划，是安排，每一份时间都对应一份事，对应一份情与爱，一份真与美；

时间是空气，你呼吸其间而不知觉，是自然而然的习惯，是生命在学习中、跋涉中、成长中的习惯成自然，生命与时间自然而然地完美地结合，是一切卓越人生的秘诀，是习惯与复利在时间长河里造就的卓越。

教育之法，人生之路，梦想与时间之外，还有多少可以说的呢？而我们又有多少人认识到了，真正懂得了，做到了？

志不立，不可教

从小就立大志，对于一个人是很重要的，可以使人生明确方向，抵抗诱惑，帮助我们更好地实现个人价值。有大志的人，清楚自己追求什么，不至于偏离方向。有大志的人，在前进过程中更为坚信，拥有更多的勇气面对挑战，在面对挫折和失败时更能坚持不懈。有大志的人，更能提升自我管理能力，使人在个人成长的同时取得持续的胜利。有大志的人，才不容易迷失自我，从阳明心学的角度来看，立志可以理解为内心之“知”，即天理。而没有目标，就很容易在诸多诱惑面前迷失自我。

著名书法家王羲之的第七个儿子王献之，从小受父亲的影响爱好书法。他见父亲的字写得非常好，很多人都在临摹他的字，便羡慕不已。渴望自己也能像父亲那样成为一位受人敬仰的大书法家。于是，他自幼便立下大志，要成为一名书法家。有了这样的志向，王献之夜以继日地练字，当他写完十八缸水后，功夫不负有心人，他终于成为一名伟大的书法家了。

庸人小事多，大丈夫不拘小节。庸人忙忙碌碌于烦琐礼数，人情世故，万事牵挂却终生不成一事，大丈夫执着一事可利万事，可利天下。

凡做大事业者必有舍有得，有所为有所不为。管理自己时间及心力、精力、财力。大禹三过家门而不入，袁隆平一生只与水稻较劲，邓稼轩 20 余年不见妻子方研究出国之重器。

吾虽小民凡夫，从无节日假日之说，沉浸于事业、兴趣、梦想之中，乐此不疲。凡事感动自己才能感动苍天，感动苍天离成功就不远了。

天天如是，一生如是，咬定目标，昼思夜想。成功亲友遍地，失败举目无亲。

孩子之学习多种多样，聚于一点，只为梦想学习。孩子之考试及作业应接不暇，如风如雨，务须春风化雨，催生梦想发芽。若无梦想，便无使命感，做事便如完成任务，终无大成。

故今日孩子之学，不能过于被眼前一招一式之形式绑架，不可太在意珠子，而丢穿珠之线。吾见不少高中毕业生，大学毕业生，无梦想之人，无兴趣之人，无激情之人众多。

皆教育之失也，捡芝麻千粒，不如抱金瓜一个。金瓜者，一生一世之梦想也。志不立者，虽忙百事，百事不成，虽友百人，一友难寻。

故，无志者，不可教，无志者，不可交。

岂可不劳而获，耕耘方有收获。

五一节示儿

你要，我给。你闹，我给。你哭，我给。你一生要我的，我一生欠你的。父子之间如同签订了不平等的条约，如此最终宠坏了你，累苦了我。

从今天起，你要的一切都是自己挣的，皆是你劳之所获。每一元钱，每一本书，每一件礼品，每一件新衣，每一次美食，每一次旅行，都是劳动回报，都是耕耘回报，包括我养你育你的义务，不是白白的义务，是你耕耘的收成。

一朵一朵桃花，一朵一朵梅花，一个一个苹果，一个一个西瓜，都是汗滴禾下土，都是春耕秋收，辛勤付出的回报。人世间的一切成就、一切幸福都源于劳动和创造。

孩子，正确的人生观须尽早建立，且持之以恒。“少年辛苦终身事，莫向光阴惰寸功”（杜荀鹤）。孩子，不是老爸抠门，是要培养你的劳动观、价值观、荣誉观，养成你真正的快乐感、获得感、成就感。今天老爸如是，明天社会如是。

孩子，切勿辞劳动之辛苦，“闲也过一日，劳也过一日。

不见闲人精力长，但见劳人筋骨实”（徐荣）。你今天的劳动是学习，你一生将在劳动中学习，你的有价值的学习也是劳动，劳动创造了人本身，劳动创造了社会。你因劳动而精彩，社会因你而精彩！我们彼此在各自的田园挥汗如雨吧，我们彼此埋头耕耘，彼此仰望星空，彼此回望，彼此加油，彼此分享。

学习四境界

好的学习，应当包括四个境界：读书，运用，旅行，创造。

一、读书。读书，是获取知识，获取人类经验成果最便捷的途径，也是一个人修养身心、提高素质、自我强大最便捷的途径。读书可以开阔人们的视野，增长知识，培养智慧，使人们能够更好地认识自己和世界。读书需要环境，需要同伴，需要导师指引，便需要好的学校，于是有考试，有升学，但考试与升学不是读书的本质，亦不是目的。读书本质是获取你所需要的知识，是让你懂得，让你看得远，让你听得远。让你获取工具与钥匙，比如你掌握了拼音的工具，就解决了汉字，你掌握了英语的工具，就有了打开西方文化的钥匙。所以，读书关键不在别人，在于自己，高效的自学胜过天下最好的大学，最好的导师！读天下好书，读自己需要的、喜欢的好书是一生的事，永不毕业，永不出校门，自己是自己最好的大学。

二、运用。“知行合一，学以致用”，把学到的理论知识运用到生活中。“假舟楫者，非能水也，而绝江河”（荀子）。人能上天入海，日行千里，皆是读书的应用。读书是学习，应用是更重要的学习。利用所学来增进自己的能力，改善自己生活的方式，并使生活充满意义与乐趣。活学活用，知识是活鱼，放在水中就游走，读书若不加以应用，所读的书等于浪费时日的废纸，是死读书，读死书，读书死。“纸上得来终觉浅，绝知此事要躬行”（陆游），“学以致用”是学习的一个重要境界，也是中国传统教育思想的重要内容。

三、旅行。读书是一生的自由旅行，是没有国界、没有入境证的国内游、国际游，让人获取思想上、精神上的自由与愉悦。让人一生在宏观世界、微观世界旅游，一生在城市乡村、名山大川旅游。“仰观宇宙之大，俯察品类之盛，所以游目骋怀，足以极视听之娱。”（王羲之）人追求的诗意与远方，人交往的古今圣人巨子，皆在读书之中。在人生旅途，与天地精神独往来，观“山随平野尽，江入大荒流”（李白），在风雨竹林，任“一蓑烟雨任平生”（苏轼），与三五老友，与志同道合者，“慢慢走，欣赏啊！”

四、创造。是否有创新创造，是一流学习与三流学习的区别，是一流人才与三流人才的区别。创造是学习的最高境界，创造是从读书到写出新的书来，让别人或后人读。创造的快乐是学习的最高质量的快乐，创造的人生是最有价值的人生。我们要从享受前人创造出来的东西到创造出新东西来让后人享受，社会才有进步，知识才有创新，人才能超越有限的自然生命，融入无限的文明成就。这也是中国古人追求的“为天地立心，为生民立命，为往圣继绝学，为万世开太平”。

读书、运用、旅行、创造，学习四境界是相互融合，相互促进，不可分割开来的。

认清小学阶段的学习本质

当今小学教育，严重影响了孩子脑力发育，严重影响了孩子全面发展，我们对孩子管得太多太细太苛刻了，我们以“爱”的名义几乎成了教育失衡的“帮凶”。

发育繁衍是生理机制的最高原则，如果身体（潜意识）感觉到自己生存受到威胁，它就会选择加速成熟，尽快繁衍后代。如果脑细胞的下一代能在更安全的环境下成长，自己这一代就选择“残缺模式”度过一生了。

中国小学教育的惨烈竞争和淘汰压力，绑架了家长，成为家长与孩子们的心理压力。大多家长把压力转嫁孩子，孩子在家长及老师双重压力下学习，父母的大吼大叫，老师的批评打击，孩子就会感觉到学习之苦，童年之累。如果这些压力长期持续地存在，不断地转化为心身刺激，发育期的大脑就被迫放弃充分发育，少年老成，于是大脑就会发出指令，停止脑系统发育，于是孩子迅速变为“懂事宝宝”“乖乖孩子”，心理上出现早熟的特点，看似优秀却为情感发育埋下隐患。

不少学生到了青春期之后，缺点就开始暴露了，国内大学生的独立力、生存力、快乐力、创造力与西方大学生相比，都处于弱势。即使北大清华的学生，不少学生综合个人能力在西方只相当于二流大学的学生，个人心理素质、思维品质甚至达不到欧美国家的高中生水平。尤其在参加工作后，不少学生学习力减弱，事业心不足，既无古人修身齐家治国平天下的使命感、价值观，又缺乏西方学生独立思考执着求索的精神。

因此，在小学阶段的孩子，本质是天性的教育，是玩的教育，是张扬个性、习惯养成、兴趣养成的教育。表扬、鼓励与玩是小学阶段教育的基本手段，批评与磨炼是用自然、环境、生活的方式熏陶之。小学阶段的名次、成绩、考试在当下已越变越“恶劣”，杀鸡取卵，家长务必清醒。当然，放养，不是放任，放养是以放为养，把知识、能力快乐化、游戏化，一个孩子能轻松地学习知识，因材施教，哪怕初高中的也可以学，玩中学，学中玩。实在学不懂的知识，即使是小学平时的作业、考试，都不要勉强学。今日之难点，明天不算一回事；今日之成绩，明天也不算一回事。

故小学之玩，小学之乐，小学之苦，皆以孩子为主，以成长为主，以未来为主，绝不可以家长为主，以老师为主，以学校为主，以成绩为主，以眼前为主。家长诸君，要有这样的智慧、眼界、格局。否则，便会以爱的名义伤害孩子，苦了老师，苦了家长，苦了孩子，可怜天下苦心人。

先筑梦后逐梦

《后汉书》有一段人们熟知的记载："永平五年，兄固被召诣校书郎，超与母随至洛阳。家贫，常为官佣书以供养。久劳苦，尝辍业投笔叹曰：'大丈夫无它志略，犹当效傅介子、张骞立功异域，以取封侯，安能久事笔研间乎？'左右皆笑之。超曰：'小子安知壮士志哉！'"从小就有梦想的班超，不甘于人生就这样平平淡淡地度过，于是毅然投笔从戎。在军队，他作战英勇，身先士卒，并有着超人的智慧，为汉朝立下累累功勋，最终被封为定远侯，实现了自己的梦想。

每个人都应该有梦想，它是人人所向往的，而没有梦想的人的人生将是空虚的。人生因梦而存在，梦因人生而绽放。学习与人生，就是一场梦之旅。无梦之人，是行尸走肉的游荡，有梦之人，方可百炼成钢。

筑梦，是学习之初始；逐梦，是人生之历程。

一个人，一个家，一个团队，都要守望一个梦想，去呼吸，去追逐，去歌唱，去对抗平庸堕落的引力，去吸收星辰大海的能量。

梦想是人生的航标，是我们前进的动力和方向。如果一个人没有梦想，那么他的人生将会失去目标和希望，漂泊于生活的海洋，没有追求、没有动力、没有成就。因此，正如那句名台词所说，做人如果没有梦想，那与咸鱼又有何区别呢？

语文与科技

曾读过华罗庚的一副即兴对联:“三强韩赵魏，九章勾股弦。”将当时随行的钱三强和赵九章嵌入联中，那时就惊叹一个数学家居然有如此深厚的国学功底。后来，才知道华罗庚一直就强调语文的重要性:“要打好基础，不管学文学理，都要学好语文。因为语文天生重要，不会说话，不会写文章，行之不远，存之不久。”

为什么科学家语文好？为什么语文好更能成就科学家？我后来又与一位从事5G研究的科学家交流，受益匪浅，作为科学家的他，语文比不少大学中文系教授好，我说的是作为语文素养的语文，真正的语文。

语文发乎情，语文的情感为心灵打开爱之门，爱移情于科技，让科研者执着不休。

语文的美感，是形象，是意境，是诗意的物象和世界，美迁移于自然科学，在微观与宏观中便有了探索之美，实验室与风景区在审美的体验上是一样的，美让科研者乐在其中。

语文的想象，童话般的、小说般的、散文般的发散思维，给科学研究插上想象的翅膀，更如蜜糖以招惹灵感的蜜蜂，想象是科研的翅膀。

语文的逻辑推理，与自然科学拥有相同的逻辑体系，是知识世界共通的逻辑，逻辑是科研的路网。

故，什么是真正的语文呢？情爱，美感，想象，逻辑。这是科学语文，也是语文的科学，我们大多学校在语文之外教语文，大多老师教一辈子语文，自己没有语文，而今日之现象日盛，从小学到大学皆如此。

《南屏晚钟》这首老歌，是音乐旋律，是语文诗意，是数学谜藏，是自然游戏。用它来引导孩子玩数学，探索自然，真好，寻音穿行，乐在其中。

我家的贵人

昨天去拜访了孩子的三位幼儿园老师，交流到晚上快九点，爱人来电话提醒我，不要再耽误老师回家时间，才赶快结束。老师说的孩子的细节，既是家庭马上要改正执行的问题，又是特让我感动的无微不至的关怀。谢谢老师！

我们家来自贫穷的农村，以前我与两个妹妹读书，都升了学，有了铁饭碗，在那个饥荒年代真不易。我们家对老师的尊重是每个人深入骨髓的感恩。爸爸妈妈几十年来总在家里唠叨对每个老师的感激。我没读过幼儿园，但从小学到中师到大学到研究生博士博士后的老师，比家里亲人还亲，常常去老师家串门，老师的重大活动也尽量参与，近两年，我的中师班主任，初中班主任相继走了，让我伤感了很久，让我家父母也一直念叨。

我们家不曾说过“一日之师，终身之父”的大话，但确实把老师作为家中的贵人、亲人。是啊，对于我家，老师是神一样的存在，老师改变了我及我家人的命运。

一生对老师的爱与感恩，不是付出，是从老师那里获得持续前行的动力，获得永葆学生状态的动力。感恩老师，其实就是不忘初心，不忘童心，不忘少年心，把人生的梦做到底，永远的学生，永远的书生。

只要老师的教诲还在你耳边，只要朗朗书声还在你耳边，你就永远在校园，在没有围墙的校园，你就能让自己做好每天的功课，永不懈怠地追求优势与卓越。

荀子曰：“君子隆师而亲友。”天地君亲师不只是形式上的祭祀牌位，更是铭刻于心的感恩对象。

感恩今生遇到的老师——我家的贵人。

不讲科学与艺术不是好家长

家庭教育对孩子的影响是无法估量的，成功的家庭教育常常能孕育出优秀的人才。

苹果公司的创始人之一乔布斯的家庭教育方法就非常成功。他父母鼓励他自由探索和创新，培养了他的创造力。乔布斯的父亲将他引导到机械工程的领域，给他提供了一些基本的工具和材料，鼓励他动手制作和改造一些电子产品。通过这种自主学习和实践，乔布斯培养了自己的创新能力和技术手艺。乔布斯的家庭教育方法注重鼓励创新和培养创造力，他的父母给予他自由的空间去发展他的兴趣和潜能。他的父亲鼓励他尝试新事物，并给予他必要的支持和指导。他的家庭教育方法培养了乔布斯的创造力和领导能力，为他的成功事业打下了坚实的基础。

英国伟大的政治家和军事领袖丘吉尔，他的家庭教育方法也非常值得借鉴。丘吉尔的父母非常重视对他的教育，为他提供了优质的教育资源和学习环境。他们注重培养丘吉尔的领导能力和决策能力，鼓励他多思考和探索，培养他的自信心和决策能力。他父母还鼓励他参与社会活动和公共事务，锻炼丘吉尔的领导能力和团队合作精神。他父母给予他足够的自由空间和责任，让他学会自己承担起家庭和社会责任。他们还注重培养他的公民意识和社会责任感，鼓励他积极参与社会事务，并树立良好的道德观念和价值观。这种家庭教育方法为丘吉尔的政治生涯打下了坚实的基础，使他能够在困难的时候坚持自己的信念，并率领国家走出困境。

从这些例子可见，家庭教育对于孩子的成长非常重要，而且家庭教育必须根据孩子的实际情况注意科学合理的方法，以帮助他们全面发展和实现自己的潜能。

很多家长教育孩子，或者张口就来，不分时间地点，说一大堆，只图自己痛快；或者生气就吼，没完没了，直到自己气消；或者见别人之长，就让子女学，不管因材施教；或者一味溺爱，做母鸡带小鸡，用翅膀把世界挡在外边，培养巨婴；或者心血来潮，坚持几天几周，就放弃了，没有恒力；或者用钱不用心，以为孩子找好学校、好培训机构就完成任务，外求不内求，求人不求己；或者从不学习不研究不请教不反省，按自己水平自己眼界教子女，自己不知道自己不称职，自己不知道自己错了。在家庭教育中，很多父母容易将

“管孩子”和“管理孩子”混淆，实际上两者有着本质的区别。管孩子主要侧重于对孩子的约束和限制，而管理孩子则更注重对他们的引导和培养。

教育在管与不管之间，在收与放之间，在学与玩之间，在远大与现实之间，在个性与共性之间，在快与慢之间，在直与曲之间，在晴天与风雨之间。其中之度，是科学，是心理学、教育学、社会学、管理学；是艺术，是爱的艺术，是学的艺术，是玩的艺术，是成长的艺术。

现实大多不是孩子不好，是家长错了，好家长是一辈子的修行，是孩子第一所大学，可你在修行吗？你是好大学吗？家长诸君当深思复深思。

学习九件事

古今中外，早慧的人比比皆是。甘罗十二岁做宰相；白居易一岁识字，六岁作诗，十六岁名扬天下；莫扎特五岁作曲，六岁主演音乐会；德国数学家高斯三岁掌握心算，五岁便能解复杂方程式……

其实，每一个早慧的天才背后，都有伟大父母的“巅峰家教智慧”。拥有良好的家庭教育，是很多成功者能够取得成功的最重要的保障。

爱迪生只上了三个月的小学，却能成为20世纪最伟大的发明家。很多人都认为爱迪生是天才，其实，大部分人所不了解的情况是，他的母亲承担起来所有教育的重任，要求极为严格，甚至让人无法想象。我们今天用上电灯，首先还要感谢那位伟大的母亲。

在四川盐亭，我有一位亦师亦友的前辈，他只是一个民办教师，常年在偏僻落后的农村中学教学，妻子是农村人，过着非常拮据的生活。但他并不沉沦在艰苦的生活中，而是长年坚持阅读和写作，自己成为远近闻名的作家，而且受他影响，或者严格地说，在他良好的家庭教育下，孩子们也努力上进，成绩斐然。四个子女中，除大女儿因家庭经济原因上完初中就早早地报读了中师学校外，另外三个孩子全都是博士博士后，这不能不说是家庭教育的奇迹。

我国首席专家赖国全老师，把孩子培养成国学天才。小小年纪，竟能把中国最古老的经书《易经》倒背如流，思维敏捷，下笔千言，出口成章。

每当面对这些所谓天才时，我们发现，他们常常都有一个共同点，就是拥有良好的家庭教育。而当深入研究他们的家庭教育规律时，就会发现，"永远没有所谓天赋神童，而只有意志坚强的家长"。也就是说，如果你想，只要你有这个决心，奇迹完全可能发生在你的家庭。

不要只是羡慕别人，成功一定有方法，失败一定有原因。教育子女，以下九个方面值得我们深入思索：

一、自我学习规划是自律与高效的线路图

二、辨论是思维最好的运动

三、劳动让知识活起来

四、梦想是人生的发动机

五、习惯是成功者的永动机

六、环境是人生的另一个母亲

七、当你习惯了阅读与写作，便已考入了世上最好的大学

八、无苦不人生，苦是大树的土壤，苦难多则土质厚

九、独立才是人生，少管孩子甚至不管孩子是管孩子的重要原则和管理艺术。

给孩子的一封信

亲爱的孩子：

你现在是富乐实验小学的学生了，爸爸妈妈为你骄傲，你心里也很骄傲吧？希望有一天学校也以你而骄傲！从幼儿园小朋友成为一名小学生，爸爸妈妈给你说几句心里话，希望你能记住。

孩子，爸爸妈妈送你读富乐实验小学，是希望你的学习生活和成长经历“既富且乐”。你将在书山攀登，在学海荡舟，在成长的世界乐山乐水。知识的园圃繁花似锦，成长的路程也布满荆棘。你会有丰富的体验和经历，希望你做到“学而时习之，不亦说乎”。除了读好课本，还去图书馆读更多的好书，去书中交往更多的玩伴，结识更多的良师益友。做到学富五车，乐在其中。

孩子，爸爸妈妈送你读富乐，是希望你毋忘桑梓，牢记乡心。富乐是故乡富乐山的富乐，绵阳是中国科学城，又是李白故里，富乐之乡。东汉末年，刘备为帮助刘璋而入西蜀绵阳，刘璋来到今天的富乐山迎接。当二刘在山上饮酒欢宴时，刘备见山下良田沃野一望无际，一派富庶丰饶景象，不禁叹道："富哉！今日之乐乎。"富乐山因此而得名，流传至今。你的童年将在这里度过，这是多么美好而又让你开心的地方啊。这一缕乡愁，将伴随你的人生，故乡也将如大地母神盖亚一般，给予奋斗的巨人儿子以无穷无尽的力量。

孩子，爸爸妈妈送你读富乐，是希望你通过努力学习，要让他人、让社会更加富乐，创造更多财富，带去更多欢乐。古人说："为人臣者，以富乐民为功，以贫苦民为罪。"意思是做臣子的，要把使老百姓富裕快乐作为功劳，把使老百姓贫穷痛苦视为罪责。在富乐实验小学，你要心怀富国乐民的梦想。光阴莫虚度，男儿当自强，把每天的生活、学习都管理得棒棒的，你的梦想一定要实现，你的梦想一定能够实现。

把握成长拐点是人生的关键

成长拐点是人生转折点，是方向盘的转弯点，人生拐点按年龄阶段分为幼儿，童年，少年，青年，中年，老年。按人生使命分为学习，就业，家庭，事业，退休，而学习阶段又可按生理心理年龄细分出拐点：幼儿，童年，少年，青年。从幼儿园到小学低段，是幼儿到童年，从小学低段到中高段是从童年到少年，步入中学便进入青年。但不同的孩子是有个性差异的。从幼儿园到上小学，是从自由自在的玩，向有游戏规则的玩转变；从无目的随性的玩，向有任务的玩转变；从生活不独立，向生活独立转变；从单纯游乐兴趣，向阅读学习兴趣转变……转变既是一门科学又是一门艺术，在具体转变中，表现出八大特性：

一、内需性。孩子随着年龄成长内心的需要，这是孩子内驱力的苏醒。

二、约束性。对孩子时间，行为逐步施加约束，建规矩与方圆。

三、适应性。从旧环境到新环境，新场景的适应有一个过程。

四、反复性。到新阶段不稳定，表现出旧阶段的回潮的矛盾冲突。

五、痛苦性。面对任务的痛苦，对规则约束的痛苦，是正常的阵痛，吃下痛苦的良药，让孩子更强大，必要的适量的痛苦早吃早好，培养以苦为乐的情怀，化苦为乐的能力。

六、快乐性。转变后的新环境，新风景，新伙伴，新的价值实现，新的高级游戏的快乐，让孩子乐在其中，乐此不疲。

七、习惯性。转变后的巩固，形成了科学、优良的习惯：生活习惯、学习习惯、思维习惯、运动习惯、劳动习惯。

八、精神性。逐步聆听到理想的召唤，触摸到梦想的晨光，有了价值感，使命感，自强不息，厚德载物，见贤思齐的精神力量日渐强大，精神的大树在少年身体中深深扎根，茁壮成长。

7岁至10岁是黄金期，几乎决定一生。家长比学校重要，陪伴，注目，引导孩子，利用八性，实现拐点的光滑连接。

学习与篮球

——与孩子说篮球

孩子，你喜欢玩篮球很好！学习如球，越玩越有激情，越玩越有兴趣，投进精彩，过程更精彩，能攻，更能守，收获成功，反省失误，场上是对手，场下是朋友，无对手就无球，打好自己的球，任别人鼓掌或评说。

球是物理学，速度弹性与线路的把握；球是数学，是排兵布阵的精密计算；球是组织学，协调配合的团队力量；球是营养学，食物保障体质；球是生物学，物竞天择改良物种；球是哲学，辩证统一；球是心理学，狭路相逢勇者胜；球是诗学，绽放精神花朵；球是化学，橡胶材料制作；球是经济学，球催生体育产业。

孩子，把篮球玩一辈子，把学习玩一辈子，这是多么好玩又有意义的事啊！

人要有三个强大

刚才，我川大导师曾老师电话里谈到子女成长，谈到当下教育缺少的人文养分，他说，人要有三个强大。

强大的思想。思想是人生最大财富，人是一根柔软的芦苇，人有了思想，便是有思想的芦苇，有思想的芦苇，比宝剑更强大，思想遨游太空，力量无边无际。

强大的精神。精神是人生三宝精气神的聚合，是意志的能量，精神如奔腾的长江、咆哮的黄河，又如燃烧的火炬、巍峨的山峰。夸父逐日，精卫填海，愚公移山，是民族精神最古老又永远年轻的故事。

强大的心理承受力。以心观相，相由心生，荣辱，成败，得失，贵贱，生死，我心不动，外界莫能动我，我心不动，风奈我何？我心接环宇，岂有不容之事，岂有难载之物。

强大的思想，强大的精神，强大的内心，人若怀三器于一身，人生岂有过不了的坎？人生哪有大不了的事？太空窗里看地球，便如俯视人间，众生皆如蝼蚁，小小地球上那点小事，何足挂齿？笑傲江湖上，俯仰天地间，何其快哉！

别做可怜家长

可怜天下父母心，但别做可怜家长。近期遇到成都三个家长，其孩子一个高中游戏，一个大学退学，一个毕业后家中抑郁。三位家长先后来社科院与我交流，家长或悲或痛或气或怒，少有心平气和者，少有理性思考者。家长教育孩子比办企业更难，尤其是个别特殊的孩子，家长要比做企业更专业，更用心，更讲科学，更讲艺术。“治大国若烹小鲜”是举重若轻，而教子也如治国，则是视轻如重。教子非小事，当如治国，也当如雕塑艺术品。

孩子逆反，厌学，孩子出现缺点，出现问题，都是很正常的事，愚蠢的家长有种种表现：要么急躁生气，要么无条件对孩子妥协，要么赌气放弃，要么急于求变药到病除，要么我行我素简单粗暴，要么自我痛苦难受束手无策，要么暴力打骂……不研究、不学习、不因材施教，无耐心、无策略、无理论、无方法。

对暂时问题孩子，我们要有信心，有耐心，有爱心，有慧心，家教解决之途径是一个科学与艺术融合的系统：在思想，在运动，在自然，在时间，在环境，在兴趣，在自信，在友谊，在关爱，在戒规，在突破自我，在走进大社会。其间修练，不可不察。

像毛主席一样读书写书用书

——建党百年感悟读书

建党节之际，想到毛泽东的读书精神：“饭可以一日不吃，觉可以一日不睡，书不可以一日不读。”早立大志的毛泽东便走出了闭塞的韶山冲，走向广阔天地，他给家人留下诗作：“孩儿立志出乡关，学不成名誓不还。埋骨何须桑梓地，人生无处不青山。”因读书而立志，因大志而成就一生伟业。

于此，对读书也有所感悟：

一、每天晨读，夜读。与日月为伴，与自然相谐。

二、随时随处读书，闹中求静，于无字处读书，处处留心皆学问，一介书生伴终生。

三、边读边批注。背点，启发点，怀疑点，创作点。

四、常去图书馆、咖啡馆、书店、田园山水间读书，享受阅读时空。书香、茶香、花香、咖啡香化为心香。

五、慢读快读，精读泛读。一年泛读 30 本，读透一本。

好书不厌百回读，如毛泽东读《资治通鉴》《共产党宣言》《三国演义》等。

六、围绕梦想、目标、项目、问题读书，学以致用。

七、与好书之作者、研究者为伍，读写结合，读他人书，写我之书，偶尔毛笔挥毫，远离电脑手机。

八、善归纳总结批评，绘出作者思维导图。

六个成语说透学习数学的方法

学习数学，只要能践行六个成语，那么，不仅仅是高分，不仅仅是学霸，不仅仅是大赛冠军，更会最终成为数学人才，谱写数学人生。

一、处处留心

《红楼梦》里说："处处留心皆学问，人情练达即文章。"意思是在我们的日常生活中，只要留心观察，就可以从一些细小的事情中获得知识。学数学也是如此，数与形与逻辑，在生活中，童年游戏中处处可见可亲，培养"数感"，即数的美感。

二、源远根深

庾信在《徵调曲》里说："水波澜者源必远，树扶疏者根必深。"可见基础的重要性。学数学也要特别注意基础概念及公式通透，逻辑思维导图的形成。

三、庖丁解牛

庄子讲述的那个庖丁，之所以能够在宰牛时全以神运，目“未尝见全牛”，刀入牛身若“无厚入有间”而游刃有余，全在于庖丁十九年如一日地勤苦练习，才能达到掌握事物客观规律的境界。学数学也是这样，一定的题型训练，提高运算心算的效率，熟能生巧。

四、举一反三

《论语·述而》有云：“举一隅不以三隅反，则不复也。”也就告诉我们，要善于拿已知的一件事理去推知相类似的其他事理，归纳总结，发现规律。高维俯视，多维玩乐，形成数学哲学思想。

五、力学笃行

陆游高度赞扬陆伯政“家世为儒，力学笃行，至老不少衰”，可见古人就很重视其重要性。“纸上得来终觉浅，绝知此事要躬行”，理论联系实际，解决生活问题、自然问题。打通数学与物理化学地理历史语文的血管通道。

六、锲而不舍

《荀子·劝学》有云：“锲而舍之；朽木不折；锲而不舍；金石可镂。”做学问贵在有恒心毅力，攻坚克难，乐在其中。参加国际数学大赛，读数学史传，数学家传，形成数学思想，树立数学理想，探索宇宙奥秘。

构建孩子大脑六大兴奋系统

科学用脑，树立脑科学理念是家长培养孩子不可忽略的方面。而大脑兴奋系统的发育是学习的关键。

兴奋系统就是脑科学概念，是孩子大脑中的趋利机制，当一个孩子从学习中获得了兴奋感时，大脑就会产生突触，产生连接。

刺激孩子兴奋激素分泌，保持孩子神经元的活跃程度，提高孩子情商智商，是孩子成长过程中必须坚持的脑科学原则。

一、自然兴奋系统

在大自然中，在山水田园中自然生命的欢悦，在日月星辰中，大脑的灵光开悟。

二、运动兴奋系统

运动对神经元的刺激，手指脚趾运动对脑神统元的刺激，十指连心，四体载神。

三、游戏兴奋系统

挑战，目标，奖励，循环往复，全神贯注，乐此不疲，如游如戏，有声有色。

四、阅读兴奋系统

从社区玩伴，到校园玩伴，到书中玩伴，从自然界进入精神界，从生活场进入文化场。兴奋的转移迁移重构，与脑神经元发育互相促进。

五、生活兴奋系统

真的生活，独立的生活，家长大人退在一旁，退在幕后，让真的自我的自主的生活激励脑神经元，强大之，意志之，智慧之。

六、艺术兴奋系统

艺术以美为特质，以诗为激情能量，音乐、美术、诗歌，是人精神生命的养分，对刺激大脑神经构建兴奋系统的重要载体，艺术将对科学及生活人生艺术化。

大脑每个神经元之间有一个间隙——突触间隙，神经递质在这些间隙之间起着传递作用。兴奋激素的分泌能够提升大脑与身体其他部位的信息交流。刺激大脑多巴胺、去甲肾上腺素、内啡肽的分泌。是大脑发育，知识丰富，人生卓越的过程，是一个终生不停的过程。

家教递减效应的原因及对策

养育孩子，小时候的重点在“养”，长大后则重在“育”。倘若家庭教育出了问题，父母对于孩子是一种得过且过的放任态度，那么随着心智的逐渐发展，孩子则会在无人引导的状态下做出非常极端的举动。倘若家庭教育不得法，父母对孩子只是一味严格管理，结果依然可能会很失败。

据报道，一对 15 岁的孪生姐妹因嫌父母管教过严，父母又没能及时发现问题，没和孩子做良好的沟通。结果，这对姐妹竟将剧毒鼠药放入饭中，将亲身父母双双毒死。这对忤逆姐妹在逃亡 7 天后被警方抓获。被抓获后二女交代了毒杀父母的全部过程。原来夫妇俩平时对女儿管教十分严格，引起了女儿强烈的逆反心理。两姐妹中考后均未考上重点高中，被父母严厉责骂。于是，二女策划并先后用煤气、鼠药两次杀害父母，因故未达到目的，最后，她们将 6 瓶“毒鼠强”放进稀饭中，终于将父母毒死。

当然，这只是家庭教育失败里的极端个案，但这样的案例，依然应该引起我们的警醒。家庭教育里，常见的现象是，父母对子女说事，父母越说，孩子越不听，孩子越不听，父母越说，双方对峙，父母加大音量，进而发威，进而发怒，进而喝斥，进而上纲上线，喋喋不休。孩子要么无视无闻，要么表面敷衍内心不服。长久以往，孩子的不服或反感的情绪迁就到父母说的事上。结果与家教事与愿违，“家教递减效应”从此产生。

我们深入研究，便会发现家教之误有五：

一是压制弹簧型，你强反弹更强。

二是居高临下裁判型，你又当甲方又当裁判，你凭啥在道德真理制高点？乙方不服。

三是软磨硬泡苦口婆心型，你表面示弱实际强势固执，想博子女同情，乙方表面服，内心不真服。

四是及时贪婪型，父母总想及时立马让孩子执行自己指令，马上改正缺点，不知道教育岂能药到病除，优秀是一个渐进过程。

五是一曝十寒型，家教凭兴趣，不坚持，无持续性，不一以贯之，巩固成果。

家教是唤醒，是滋润，是聆听，是守望，是熏陶，是管而不管，是能而不能。站在子女角度，与子女换位思考，与子女一起应对社会人生，不是与子女相互应对博弈。优秀的家长教出优秀的子女，个中艺术，因家而异，因人而异，家长诸君务要用心体察。

当然，教别人的子女易，教自己的子女难，天下如是。教自己的子女，不但效应递减，还可能失灵。因为他（她）是你孩子，从婴儿开始就习惯了用哭声吃定父母，在父母面前占强势，父母却长期弱势惯了，这样的父母要逐渐成他者，从父母的位置巧妙移开，把真的世界早日给子女，最终恢复家教平等。

痣

弱者把痣作为一个缺点，因为别人没有，自己怎么有啊。取掉它，让自己变得与别人一样，便成了一件事情，于是也培养出了取痣的行业。强者把痣作为一个特点，一个上天眷顾自我的符号，于是增添了希望，增添了勇气，增添了使命与力量。强者成了名人，成了伟人，强者的痣便成了伟人痣，成了伟人的显著特征，怎么看怎么可爱，甚至可敬，让人倾慕。

人皆有一些特点，一些个性，甚至一个“缺点”，一个“短板”，这莫不是上天给予的一种记号，切勿忌之讳之，进而遮掩之祛除之。一颗痣，把特点、缺点变优点，把短板变长板，不在于痣本身，在于我们对痣的态度。把自己变伟人，你的脸相便是伟人的脸相，你的痣便是伟人痣。这便是相由心生，便由理想生。

家长对孩子的科学认知，教育方法、成长路径坚持以孩子为中心，正视乃至喜欢属于孩子个性天赋的“痣”，也才能做到因材施教，各美其美，不拘一格成人才。

构建孩子成长的“有机生态环境”

有机环境是指某种生物与生活在同一群落里的与之相关的其他各种生物之间的关系。

任何生物都与其他物种或多或少地存在彼此既相互依赖又相互制约的关系，从而使物种之间构成了各种类型的种间关系。这些关系主要分为以下八种类型：中立、竞争、协作、共栖、共生、寄生、掠食、对抗。两个或几个物种之间存在的某种种间关系则往往是物种进化甚至是各个物种协同进化的结果。

无机环境是生物生存的基础环境。动物最终依赖植物作为营养来源，而植物则依赖阳光、水分、肥料成分等自然资源而生长、繁殖。生物与无机环境的关系体现在两个方面：就生物而言，各种生物所要求和适应的环境是不同的，藻类、杂草、树木、鸟类、爬虫、猛兽，它们都各自有所适应的条件，就环境而言，都包含着多种多样的环境因子。

教育的有机生态环境是指真实、复杂、动态变化不确定的成长环境。是成长过程的自然人、社会人与自然、社会的互动共生，是不确定性的环境对成长生命的刺激、锻炼，能量交换的过程，从系列持续复杂的物理反应、化学反应、心理反应、生物反应、社会反应中，获得生命能量，从而实现生命从弱小到强大的跨越。

而当下的孩子，从生活到学习，从校园到家庭，过于生活在父母与学校设置的、机械的、程序化的环境中，一切皆确定性，一切皆有备而来，一切皆尽善尽美。孩子的生存、竞争、挑战、选择、协作、承受、抗拒、互助、互爱、喜怒哀乐等各种生命因子没在应有的年龄得到体验与锻炼。长期生活在无机环境的孩子，在后期出现后劲不足、病态、脆弱、自私、巨婴等现象。随着物质生活的不断提高，这种现象越发普遍。

师者

昨日与北京文校长讨论今日老师之素养，深思之，工作匆忙，以题纲记之。

老师传道也是修道，先修后传，亦修亦传。为师应传三道：爱之道，净心之爱，爱生之乐，滋生之爱；真之道，自求真，自得真，启生求真，同生求真；美之道，见美赏美创造美。

授三业，老师授业，应成学业代言人，学业及人生事业领航人，学业及精神能量的发光人：有书无书书内书外死书活书之代言人，书山之路学海之路人生之路梦想之路信仰之路领航人，烛光星光月光日光真理灵魂融合的灯塔之光终生能量之光的发光人。

今日之解惑者，不只解释迷惑，更当化解诱惑，革劣化优。

完成以上者，老师要有以下十大素养：

1. 德爱之范

2. 世界胸怀

3. 历史观光

4. 文理及全科综合

5. 化繁就简

6. 多维思维

7. 情境导入

8. 多学科知识工具

9. 广视角长视角识才眼光及评价

10. 玩伴童心

十个动词学好语文

关于语文，前期一年多，一直为孩子数学操心，今晚我当深思一下语文。当今语文教育是有大问题的，应另找路径。必以十个动词学语文。

1. 读：目前孩子基本会拼音，也写了 400 多个字，得让他养成阅读习惯及兴趣，目前已喜欢《西游记》《十万个为什么》。还有两个月 7 岁，7 岁前如何读完 4 本书呢？ 8 岁前如何读上 20 本好书呢？尤其历史地理科学图书。10 岁前如何读完 100 本书呢（一本语文书算一本）？

2. 书：书写，书法，把毛笔字，硬笔书法坚持好。如何又快又好呢？从字帖或诗词名篇书法。家族邻居春联，让他来写。好书法如画画，美育也。

3. 写：写作，写童谣，写诗，写作文，写故事，写生活，写读后感。坚持写，7 岁前随意写 10 篇，8 岁前随意写 30 篇。

4. 唱：吟诵，吟唱，目前喜欢诵毛泽东诗词十几首，8

岁前达到 30 首吧，经典歌曲传唱到歌词吟诵达 100 首吧。小学中学课文诗词名篇都玩着背诵，吟唱。在各生活场景让他多表现。持续给他掌声。

5. 说：说话，会表达，会交流，会转述，会总结。多问他，多听他说。

6. 讲：讲故事，演讲，讲话，各种活动多给他上台锻炼机会。

7. 思：独立思考，深入思考，凡事总有观点，有新意，说出来，写出来，读书笔记批注可学毛的读法。

8. 听：学会倾听，聆听，专注听。处处皆课堂，吸收知识。

9. 演：表演戏剧、电影人物角色，把语文演出来，活起来。

10. 看：爱心看世界，欣赏自然，四季变化，人间百态，观察天地之巨，原子量子之微。

【附】与朋友讨论：

1. 真是横看成岭侧成峰！您说的对。

2. 内驱力（自我进取和做对社会有用的人）是一个成人一个孩子很重要的基础自我能量和意向！太重要啦！（也是

家长培养孩子的重点和难点！

3. 外部评价是社会评价多数普通人的，尽管可能不科学甚至错误，没有强大自我意识和适应能力可能面对评价，会被抑制。名校与否，仅是敲门砖而已。人才是本体！自己的能力、坚定又柔和的内心、与人与社会的相处是更重要长久的！进而，安全感、幸福感、成就感，做一个对社会有用的人！之间的关系与影响，很像马斯诺几个层次需要论一样！

4. 现在、未来零零后、一零后会有越来越多的孩子，选择自己喜欢的职业！

毛主席故里悟青少年学生的“五力教育”

今日之读书，多有分数，少有人生，游学主席故里，感悟青少年学生“五力教育”。

一、向毛主席学从小立志的信仰力

毛主席从少年立志出乡关，终其一生，眼中心中只有革命，只有人民，只有中国。今日学生首先要重视从专注心的培养，到恒心的培养，到理想信念的培养，知道为何读书。

二、向毛主席学探索真理的创造力

毛主席于旧社会缔造新中国，于无路中创奇路，于战争，于革命，于诗词，于书法，于管理，于思想，一生创造不断。今日之学生，好奇心到创造力，突破力的培养是首要的任务，是重于知识、学历、学校的品质，将发散思维与聚合思维二者有机结合，成为性格特征。

三、向毛主席学团结一切的整合力

毛主席善交身边师生，交敌我阵营朋友，交国际朋友，交工农商学兵朋友。今日学生要善交朋友，从小交玩伴，培养高情商，高朋满人生，整合统筹全社会全世界资源，人生成功智商占 30%，情商占 70%。

四、向毛主席学联系实际的学习力

毛主席广读书广游学，对经典十几遍几十遍精读批注，活学活用。为战争读《三国演义》《孙子兵法》，为革命读马列主义，为治国读二十四史，读而化为我用，理论联系实际。今日学生要爱阅读，善学习，能借用吸收古今中外知识，并在生产劳动中灵活运用，实事求是，知行合一。

五、向毛主席学乐观豪迈的意志力

毛主席一生历经国内国际各种困难考验，生死、成败、家仇、国难、天灾、人祸，不移初心信仰，不改乐观主义。今日之青少年学生，尤其是要提高逆商。树立信仰，咬住目标——既出发，必到达。抗得住遭逢的任何挫折打击，越挫越勇，永葆革命乐观精神，革命意志高于天的奋斗激情。每个学生，当以主席为精神太阳，吸收光和热，学主席精神。

家长的嘴巴

现在很多家长为了孩子的教育，不惜花费大量的精力和金钱，殊不知，有一项对孩子智商和未来发展十分关键的因素，无关家庭贫富，就藏在日常生活中，那就是父母和孩子的语言交流。

芝加哥大学妇科及儿科教授，芝加哥大学医学院“3000万词汇倡议”机构的创始人达娜·萨斯金德（Dana Suskind）博士和她的团队发现，在孩子三岁前，父母对他们说的话直接影响其大脑发育。她在其著作《父母的语言：3000万词汇塑造更强大的学习型大脑》一书中指出：“根据父母对孩子说的词汇量和父母对孩子说话的方式，父母语言会影响孩子数学、空间推理和读写能力的发展，以及孩子约束自身行为和应对压力的能力，且孩子的毅力和道德品质也会受到影响。”

但是，很多家长却并没有意识到语言的力量有多大，还保持着一种“话谁都会说”的思想，觉得“语言艺术”是一种很虚的东西，在育儿过程中并没有那么大的作用。事实上，语言对于孩子的影响真的很大，家长用嘴巴来表达爱，那么孩子的未来就可能充满光明与希望，而如果家长用嘴巴来表达伤害，那么孩子的未来就可能充满了阴霾。

家长是孩子的因，孩子是家长的果。家长之因有二，遗传之因，教育之因。故家长教育孩子首先是自知自省自教，而后是施教。然而，家长是骄傲的，一般不自我用功，乐于对孩子用功，用功之物，以嘴巴为器。家长嘴巴，常说四类话：一批评责备，二安慰鼓励，三关心照顾，四频频要求。

四类话家长越说越有水平，越说越感动自己。

然而，这或许演变为孩子最不喜欢听的话，长期更会形成免疫力，导致孩子厌烦、心软对抗甚至公开对抗。这四类家长常说的话也远离了其初衷：一批评责备（打击自信）；二安慰鼓励（假的其实暗藏责备）；三关心照顾（剥夺独立）；四频频要求（己所不欲勿施于人）。

家人与孩子不能同频共震，语言便是噪音，你振振有词，于他却是刺耳噪音。

故，孩子的教育少用嘴，努力把嘴闭上。看见孩子问题，马上闭嘴，到一边去研究，去思考，去找那个因。

多用心，用思想，用行动，用环境。常在孩子身边要“贫嘴”，甚至不如农民工的留守儿童的家教更有效果。

孩子自律力、内动力、正能量的激发与养成，是一个复杂、漫长、艺术的过程，是一个多学科多维系统，在这个系统中，家长嘴巴不仅不是唯一教育工具，用得不好，还不是一个好东西，家长诸君，不得不察。吾与诸君共勉之。

引导子女对自己狠一点

几乎每个人学生时都立过志，后来大多淡忘了。忘记昨天志向，就是背叛自己，把自己活成了自己的叛徒！

为苟且而讨生活的家长大多教出无大志的子女，失去志向、没有使命旗帜的人生，很容易滑入舒适区、温水区，天天耗在自己讨厌的平庸中，一事无成，荒废人生。好舒适、贪享乐是人性之本根，引导之，与高价质、高境界为乐，奋斗为乐，玩出格调，玩出气象，则有卓越人生，培育本根为善根。以乐为乐，以舒适为乐，则入平庸人生，娇宠本根为劣根。慈不带兵，慈不育人，无微不至反害人。慈厉融合，宽严有度，慈母亦有严教。

引导子女人生口味以苦为甜，而非以逸为甜。

引导子女以大地奔跑流汗逐日为乐，而非以空调温室房为乐。

引导子女以迎难而上、解决社会难题、踏平坎坷为人生，而非以安逸舒适避难就易为人生。

引导子女早日走向引领时代的奋斗之路，让自己发光发热的“革命道路”——革平庸懒惰之命，而非拖时代后腿，为时代大潮抛弃的落伍之路。

最大的社会财富是人，人最大的财富是自己的人生，每个子女的人生都潜藏着金矿、量子矿。一些人一生根本不曾开挖，一些人一生开挖不到 1%，一些卓越伟大的人物开挖出 90% 以上。挖深点，再挖深一点，无愧于天地，无愧于父母，无愧于自己。让子女知道，对自己好一点就是对自己狠一点，对自己狠一点才不会见到讨厌的自己，对自己狠一点，才是真爱自己，爱父母，爱他人，爱家国，才会见到喜欢的自己。

读写“童子功”

人生当与阅读写作为伴，读写当以光合作用为要。

古人万里路万卷书，实在不是口头禅，要用眼、口、手、脚、心，去深情践行。

青少年时代，一年当精读一本，快读60本，笔记一本。亦读亦写，乐在其中，构建稳定开放读写圈子与氛围环境。在阅读天地与玩伴知己游乐，与圣人对话，与文学家交流，与史学家辩论，与艺术家碰撞，与科学家创造，与数学家推理，见宇宙，见社会，见中外，见古今，见思想，见人生，见崇尚，见伟大，见诗意，见发明，如此，方可步入修身齐家治国平天下的卓越人生道路。

科学放养是成才的必由之路

圈养易，放养难，填鸭教育易，自主学习难，培养自主学习对家长老师有更高要求。科学放养不是不管，是管在无形之中，管在一生之中，是教育管理的最高境界。

教是为了不教，孩子终将放养，自主学习是教育的本质。自主学习是学生主体化在教育学、心理学、行为学、社会学方面的系统体现，是家长老师艺术地放手，落实管与不管哲学思辩，完成科学放养的教育理念及方法。

自主学习包括乐学、善学、苦学、博学、游学五大方面，乐学以学乐之；善学涉及内容方法工具路径；苦学吃苦坚毅，凿壁借光、闻鸡起舞及悬梁刺股的勤学精神；博学，考内考外，图书馆，百科全书融合贯通；游学，知行合一，手脚与眼口心并用之。

具体方法，总结了以下 18 种，灵活用之。

计划学，自定时间任务计划，日周月年计划严格执行。

选择学，自我选择好的学习内容。

同伴学，自交优秀学习之友，之邻，之伴。

理想学，自立志向，天天有理想动力，沐浴理想光芒。

项目学，自己围绕一个项目，一个问题学习。

故事学，自己找喜欢的生动故事。

探索学，自己以好奇心，找到探索自己喜欢方面的书。

楷模学，自己找楷模，身边的榜样，古今中外的伟人，见贤思齐。

田园学，自己去田野游玩，与自然对话，找田园之类书籍。

生活学，自己在社会生活中学习，关心社区，关心故乡，关心天下。

竞赛学，自己常去参加竞赛，乐于挑战亮剑。

激励学，自己短期长期激励自己。

饥饿学，自我失缺，自我不满足，体恤父母与社会底层之苦难。

师友学，自交朋友，以友为师，以师为友，尊师而乐道。

助人学，自己常帮助他人，辅导他人，给人玫瑰。

活动学，自己常参与自己喜欢的读书学习活动。

压力学，自我加压，自我奋斗，夸父逐日，负重前行。

习惯学，自我学习习惯养成，学习成为生活与人生常态，终身学习，天天向上，终生成长。

养成十二大思维习惯是学习的关键

生活习惯（含运动习惯）、学习习惯、工作习惯、思维习惯是青少年及其整个人生四大习惯。习惯为王，成于习惯，败于习惯，思维习惯的研究、学习、培养被不少人忽视。因而，在艺术，文科，理科，在校园内外，思维习惯没得到应有培养。笔者研究卓越成功人士，主要养成了十二大思维习惯。

1. 开放思维而不是狭隘思维。思想开放，探索多种观点；杜绝狭隘思想；提出多种选择的能力；不钻牛角尖。

2. 深层思维而不是浅层思维。深入思考、探索和寻找问题，热衷于提问；警惕异常现象；细致观察、提出问题的能力。

3. 精确思维而不是模糊思维。清晰理解问题，寻找联系、解释问题，建立数学模型，避免思路模糊、保持专注；将思维概念化的能力。

4. 战略战术思维而不是眼前思维。战略目标研判制定，行动计划、预设结果；不能缺乏方向感；制定目标和计划的能力，而穷人思维只看眼前。

5. 乐观维思而不是悲观思维。凡事看好看开，充满信心达观。

6. 创新发散思维而不是固化思维。要变通，不要死脑筋。

7. 多维思维而不是平面思维。

8. 协作思维而不是个人思维。

9. 同情思维而不是冷漠思维。

10. 换位利他思维而不是唯我自私思维。

11. 本质思维而不是现象思维。质疑已知原因，寻求证明；注意证据；衡量和评估原因的能力。

12. 自省自律自强思维而不是忘我思维。感知并审视自己的思想过程；不生气，不小气，不猜忌，不自卑，不放弃，不懒惰，不平庸，练习控制心理过程和反思的能力。

青少年成长哲思

1. 要认识到当下教育对学生个性的磨灭，我们在千人一面的机器人量产似的教育中，要保护自家里学生的个性，哪怕带着可爱缺点的个性，一生保持天真烂漫开朗活泼的性格。

2. 要认识到当下教育对眼前目标考核及分数唯一评判的缺限，我们要风物长宜放眼量，在人生梦想幸福的大视野大使命大格局下，兼顾、提升眼前分数，但不以一城一池之得失论英雄。

3. 要认识到每天十多个小时的被动学习比上班还苦，我们要引导学生学习的游戏感、幽默感、审美感、节奏感、浪漫感，要学习玩玩学习、读书玩玩读书、探索玩玩探索。

4. 要认识到持续压力对学生积极性创造力的伤害，要培养学生的动力感、自主感、创造感、价质感、成就感。在追赶榜样的同时，要鼓励发现学生优点，你某一方面也是别人的榜样，别人在追赶你。清风不分花贵贱，万紫千红春满园，若让百花来赶考，怎将分数写花瓣。

5. 要认识到人性以激励为主，以欣赏为上，打击批评提醒是偶尔用之，是一百比一的比例。激励是持续开发 80% 以上潜力的金锄头。表扬与自我表扬，批评与自我批评的工具应交到学生自己手里，我们主要任务是在一旁欣赏与鼓掌！

6. 要认识到懒惰、舒适、放弃、自满、平庸是人的本性中的五大劣根性，是乔装打扮成朋友的五种敌人，要引导学生认清敌人，战胜敌人，天天警惕敌人——提高警惕，保卫理想。

7. 要认识到环境比名校更重要——当然，名校是环境的重要组成部分，但是，玩伴、同路人、榜样、导师、圣贤、伟人以及社会百态万相、自然田园、挫折、苦难，是人生不可或缺的养分。科学寻找好的成长环境是一个重要而艰巨的任务。

培养学生掌握破除“语言暴力”的本领

与身体上的暴力相比较，语言的暴力看似无形，带来的伤害实则更加巨大！

一、家庭中语言暴力

大多孩子都遭受过语言辱骂，而这些字眼通常都是出自父母之口。对人格的贬低，对行为的辱骂，是极其伤害童心自尊的。

在中国常见的家中辱骂字眼，是代代相传的。

语言暴力对子女及父母自身都是一种伤害。爱之深责之切，急不择言，豆腐心刀子嘴。

二、同学中语言暴力

同学同伴中，缺谦让、包容、利他。独生子女的自我中心，让个别学生用语言暴力表达内心，欺辱同学。

三、社会上的语言暴力

人上一百，形形色色。各种素质的人难免不遇上，社会中语言暴力防不胜防。

对语言暴力，我们青年学生要掌握破功的本领，不为其所伤。

一、空间本领。胸同天地宽，心与大海阔。我有无穷大，能容世上人。

二、时间本领。不在当时急，不在当时应，不在当时对。冷冻语言暴力 3 天，3 月，3 年，30 年。毛泽东少年出乡关，32 年回故乡，父亲的语言暴力、行为暴力早已转化为战胜革命困难的意志力。

三、心态本领。不随其情动，不随其心动，不与其一般见识，不与其一个维度，高维思考，高维生活。悲悯众生苦，我在云端看。

四、管理学本领。管理人生，管理梦想，管理快乐，管理微笑，管理注意力。你骂你的，我走我的，远离垃圾，远离负能量。“两岸猿声啼不住，轻舟已过万重山。”

数学四季歌

春天说
考你一道加法题
百花齐放春满园
赤橙黄绿青蓝紫
多少颜色

夏天说
考你一道乘法题
十只青蛙池塘里
一只唱得三万声
多少蛙鸣

秋天说
考你一道减法题
门前槐树九万叶

秋风吹剩半树稀
多少落叶

冬天说
考你一道除法题
满天大雪纷纷下
千山麻雀尽飞绝
每山几只

阅读三境界

阅读是一个非常重要的学习工具，可以帮助学生在各个方面提高他们的学习成绩。

曾经看到过院子里的两个孩子，明明和彤彤，他们是同班同学。只要两个孩子一起玩，大人们总会不自觉地拿他们作比较。一二年级时，明明的成绩很突出，考试经常双百。而彤彤却成绩平平。大人们总夸明明厉害，明明的妈妈也感到由衷的自豪。彤彤妈妈在这样的时候总是笑笑，还谦虚地向明明妈妈取经。明明妈妈沾沾自喜地透露了高分秘诀，就是多刷题。彤彤妈妈礼貌地表示感谢，却并没有效仿。但有件事她一直坚持让彤彤做，那就是阅读。上三年级后，成绩平平的彤彤俨然成了一匹黑马，成绩突飞猛进，成了大家口中的学霸。人也特别自信开朗起来。而明明刷题刷得更晚了，但成绩上不去不说，还下滑得厉害，精气神也很差。这就是典型的不重视阅读。如果只是一心刷题，明明的成绩还会继续走下坡路，而坚持阅读的彤彤却是后劲十足。看吧，孩子间的差距就这么拉开了。

昨日首次读书会，看到小朋友们甚投入的状态，不由得又想起明明和彤彤的案例来。由此，更深刻地感悟到阅读的重要性，总结下来，阅读有三境界。

一、读书能。读书的能力、能效。拼音、字典、字词句的掌握。从带拼音读，半带拼音读，到无拼音读。从一目一字，到一目十行，到一目一页，到一目数页，高能效读。长期保持一周一本。

二、读书乐。读书乐趣，因人乐，因地乐，因时乐，因境乐，因情乐，因书乐。寻喜爱之书，结喜爱读友，参加读书活动，风声雨声歌声，家中要有书声。与古人对话，在书中往来，神交书里师友。问世间快乐为何物？阅读！

三、读书强。因读书而强大，精神、心理、能力、智慧因读书而增强。手执笔读书，批注，描红描蓝，感受联想，一本下来，写上百字，千字，万字，以记心得。围绕梦想寻书读，读好书，读有用之书，促转化，万书皆备于我，长期以往便可写书他人读。写书是读书最高境界。

唠叨是嘴上的刀子

叨字有意思，嘴上跑刀。唠叨不断，毁人小刀子也。唠叨之负面可能影响子女一生。

父母唠叨的内容都是正确的，都是大道理，而唠叨的形式是令人生厌的，令人痛苦的，令人反抗的，令人逃避的。故为人父母当力戒唠叨，当你与子女认知不在一个维度时，叨唠是“对牛弹琴”，牛无错，弹琴者错，子女对唠叨形成免疫力后，便充耳不闻。天下子女不喜欢叨唠的父母，犹如天下员工不喜欢唠叨的领导！变叨唠为熏陶，环境教育，场境教育；变叨唠为共情，心灵教育，感动教育；变叨唠为警醒，为启发，自主教育，自我教育，生活教育。不要奢望一次解决子女所有缺点，微笑着，用欣赏子女的优点的朝阳驱散缺点的乌云吧！

口教为下，心教为中，身教为上，你的嘴巴多读书，多唱歌，少说人，少训斥人，口吐莲花，子女自会开悟，“接天莲叶无穷碧，映日荷花别样红”（杨万里）。

再论阅读

检查、评比、考试、升学、名校大多都是与读书无关的身外之事。身外之物，它只是不得不过河的船与桥，但终究不是读书本身。

读书就是终身自我的阅读与写作。是拥抱书中那一轮太阳，沐浴它的阳光，让你的心开悟明亮，让你的眼睛看见远方以外的远方，让你亲手打开万事万物之门，解放出那些被关锁在万事万物庭院深处的真理的精灵。

书籍是智慧的结晶，读书可以帮助人们站在巨人的肩膀上，获得更广阔的视野和深刻的见解，从而树立正确的人生观，增强面对生活的信心和勇气。阅读书籍能够开阔人的心灵，使人们的心灵更加豁达和宽广，通过阅读，人们能够学习到不同的观点和思考方式，从而丰富自己的内心世界。阅读可以帮助人们减少浮躁情绪，提高个人修养和涵养，使人们拥有更高雅的情操。

建立孩子个人管理金字塔

培养青少年自我管理能力，从幼儿到成年，一生践行五层管理金字塔。

一、体能管理——身体及本能，体质训练及本能需求与调适。

二、情感管理——情绪及感情，个人情绪调控及友情爱情社会情感的健康管理。

三、精神管理——意志及格局，坚强意志能量，及利他奉献社会的远大格局。

四、认知管理——思想及维度，思维深度宽度广度，换位度，多角度，多维度的提升发展。

五、信仰管理——梦想及灵魂，坚定守望梦想，坚定信念信仰，灵魂高洁自由伟大，仰望星空，与天地同在，如鹏翔九霄。

爱的三重奏

孩子，一个优秀学生，首先做一个有爱的人，大爱的人，在宇宙爱的太阳及月亮之下，让自己人生散发出爱的阳光与月华。

一、爱人人爱。培养交往能力，及交往圈子，激发善良与爱的激情，让心灵滋养于敬爱、慈爱、友爱、可爱、亲爱、喜爱多种养分，让爱博大而深厚。

二、爱我所爱。对爱的自由选择守望，对爱的欣赏沉浸，持之以恒乐在其中，在寂静中得喧嚣，于淡泊中得灿烂。

三、我爱我在。在爱中实现自我价值，担当使命，升华人生。

爱心的重要性是不言而喻的。它是人类社会发展不可或缺的组成部分。有一句谚语，“有爱情的人生是多彩的，有友情的人生是温馨的，有亲情的人生是坚强的。有了这三种情感的滋润，我们的生命才能迸发无限的活力”。爱心是人生的根，它可以孕育出一生的价值和光彩。

人生是一段长长的旅程，如果我们能用爱心和慷慨来填满这个旅程，那么，我的生命，也会因此充满温暖，蕴藏着无限美好的意义。

知识的本质是什么呢

我们都在乎读书，在乎学问，在乎成绩，在乎名校，然而为何不少人读书、学问、成绩、名校都出类拔萃，人生却平平无奇无所作为？除了偶然因素外，他们忽略了知识的本质不是书本，不是学问，不是成绩，不是名校。

读多少书，考多少成绩，进入多出色的名校，只是知识的表现形式，是为社会管理考核所用。知识的本质是什么呢？弄清楚这个问题，对我们学习，以及教育他人学习至关重要。否则，我们在知识外学知识，我们学了太多虚空的知识，天下书籍之浩瀚，天下知识之广博，人生苦短，当如何有效摄取知识呢？在大数据时，我们更不需要以心代芯，以人脑代电脑，满腹经纶，不能转化为能量、价值、创造。

知识与一个人的生命结合，知识才有了生命。一个人的知识是一个人内在生命的真实反映，一个人知识生命的成长过程，与自然生命的成长过程是合二为一的。知识人生的成长过程就是人自身内在生命的自觉成长过程。正是这个内在生命的自觉成长过程给了自然躯体以生命的灵魂。

知识的本质是能量和逻辑。

知识生命与自然生命结合，二者相互获得从小到大、从弱到强、从简单到复杂、从低级到高级的聚变裂变过程，知识个体，是个体能量场，是人类整体有机体上的能量细胞。

因而，学知识的过程，是自然生命能量递增的过程，是逻辑体系建构的过程。自然生命能量的强大和逻辑体系的强大，让其在社会生活与自然王国获得生存权、话语权、发展权、创造权。我们用能量和逻辑与世界交流对话，形成更强大的能量与逻辑。

因而关注当下知识本身的能量，观照知识能量、逻辑与自然生命的合体生长，是把握知识本质学知识的关键，否则，在知识外形式上学知识，与通过知识生命、知识本质学知识，二者看似相同，实则南辕北辙，人生结果也大相径庭。

今天我们如何做家长

——成都三宝家经典诵读会有感

风声、雨声、欢声、笑声、读书声、唱歌声，入耳入心。在三宝家读书会上，展示了每个孩子的精彩，每个家长的用心。

教育，不是打造一个完美的人，而是用完美的眼光，欣赏每一个不完美的人，在平凡中发现独特的优点，甚至某一细微处的“天才”。

苛求完美，是对生命特色的漠视，对生命个性的伤害，对生命规律的违背。而无视孩子的特长、兴趣、天赋，同样可能扼杀了一个卓越的科学家、艺术家、企业家。包容缺点，欣赏特长，以鼓励代鞭策，以朋友代君王，以艺术代情绪，以身教引导代语言责备，是父母的格局，是一生的修行。

每一粒平凡的种子都是一个奇迹，家长往往缺少发现奇迹的眼睛和呵护奇迹的心。在成长的拐点，用百分之一百二十的心陪伴、观察、支持，把特长坚持到底，把兴趣坚持到底，把奋斗坚持到底，把快乐坚持到底，是子女幸福与成功的源泉。父母要用心，把同行的玩伴交给子女，把世界的真相交给子女，把特长的平台交给子女，把做梦的权利交给子女，然后，安静一旁，温柔地注视着子女的玩乐与远行。在今生今世的遇见中，把血肉之缘，化为情谊之缘，亲情之缘，精神之缘。更深情地爱子女，子女就会更深情地爱世界，更热情地拥抱子女，子女就会更热情地拥抱学习、拥抱童年、抱拥青春、拥抱梦想、拥抱人生。

给孩子上学前的第一封信

学习本来像吃饭，你的求知欲、好奇心饥饿了，就驱动你去“煮书吃”，书就是你的“饭”，你有一个食量很大很大的“精神胃”。

对于学习，你要求诸内心，要弄明白自己之所需要所渴求，不要让学习为人所绑架，具体来说，不必太在意家长的要求，也不要太在意学校的要求。不要把学习从一种饥饿的欲望变成了一种外人的要求，一定不要从我要吃，变成了要我吃，一定不要从我要学变成了要我学。学校是一个主动性学习的场所，是一个可以满足强烈知识饥饿欲望的场所，是一个可以满足强烈运动欲望的场所。至于完成作业，完成考试，只是最基本的区区小事，快速解决就是了，比作业考试更重要的是，潜心主动阅读你喜欢的书，潜心主动钻研你喜欢的问题。自主学习真幸福，真快乐，如果不让一个人学习，就像饿了不允许人吃饭，那多难受啊！

在与同学们友好交流玩耍时，要管理好时间，常常去图书馆与书本相伴，常常去运动场欢呼跳跃。每天要唱歌，要仰望天空，看日出，看晨星，看蓝天白云，每天俯视大地，看青山环抱，看田野炊烟。心中有话就记下来，心中有诗就写出来，心中有数学、物理、化学、生物的问题，就追问下去，就自己去找答案吧。

总之，学习是你自己的事，你自己去找乐趣，找好书，面朝梦想，天天向前奔跑。

家长要懂教育心理，千万不要与孩子斗气

曾经看到过这样一个故事：

有个母亲觉得自己孩子从小脾气很大，脾气挺拗，小小年纪就不服管教了，一直没少生孩子气，成天脾气也跟着暴躁难受。后来，她找了一个所谓的高人看看跟孩子的因果，怎么对她这么叛逆。那个高人说，这个女的前世是官宦家庭的侍妾，自己多年一直没有孩子，她不敢去对付正妻，就把气撒到其他侍妾身上。她就欺负一个没有身份背景的侍妾，那个侍妾生个孩子，也很得官老爷喜欢。但她就是不安分守己，成天算计那个没背景的侍妾，时刻想着怎么破坏人家父子感情，各种设计布局，让孩子跟父亲疏离。时间久了，弄得孩子也有些孤僻症，在父亲心中备受冷落，导致后来生病耽误了最佳治疗时间，最终也病逝了。这个孩子对她是有怨恨的，今生投胎做她的孩子，就是来讨债的。前世让孩子受气委屈，今生就得遭遇难受。你只有生孩子做父母才能体会

什么是苦难遭罪，老天爷让你生孩子就是让你体会这一切的。

这当然是一个迷信的因果报应的虚假故事，但这个故事也告诉我们，父母和孩子之间，并非全是父慈子孝，也有很多磕磕绊绊，甚至让许多父母感叹孩子就是前世的冤家，关系处得非常紧张。于是，家庭教育里常常看到这样的情形。为一件小事，洗脚、漱口、作业、穿衣、吃饭等，发生争吵，当孩子们达不到其预期目标，他们据理力争过，孩子觉得自己没有错，感到委屈，流着眼泪，他们想让父母知道他们心里的声音，他们渴求着得到原谅或者受到父母的理解。但父母不妥协，不退让，不艺术，不转弯，怒气值便水涨船高地上升起来，与孩子逆反心理针尖对麦芒，把一件小事闹大，乃至可能会影响孩子性格甚至人生的程度。暴跳如雷的家长、歇斯底里的家长想过没有，那件小事原本并不重要啊，并非要在今天解决啊，只因不合你的心意，只为了顺家长的那一口气，便导致如此严重的后果。

因为孩子们更依赖你，也更爱你，所以可怜的孩子愿意先退一步，同你和好如初，但孩子心里的痛能消除吗？孩子不记仇吗？

优秀的父母，从不与孩子斗气，从不说“今天必须”，从不说“马上做”这样的命令句，妥协、回旋、长远解决问题，才是聪明的家长。

孩子成长中，坚持，安全第一，快乐第一，鼓励第一，发展第一，家长不要在一件具体事情的要求上，与孩子斗气，争输赢，激发孩子逆反心理。反而事与愿违！！

奇迹教育论坛

——我是孩子，是我孩子

在教师节来临之前，又话教育，又话我们敬爱的有着春蚕红蜡精神的老师。

什么是忠于人民的教育事业呢，除了很多职业精神操守的要求，在心灵与灵魂深处，面对孩子，老师首先能做到“我是孩子”，从孩子的角度看世界，而不是强制孩子从我的角度看世界——这便是忠于童心；其次做到“是我孩子”，视孩子为己出，天地君亲师一体，今日之师，今日之父母——这便是忠于爱心。能忠于童心又忠于爱心，如何不是一个受人尊敬爱戴的优秀老师呢？教师节到来之时，想到我从小学到博士后遇到的让我感恩敬爱一生的老师，莫不是做到“我是孩子”“是我孩子”的老师。

“我是孩子”，“是我孩子”，这或许是老师可爱又崇高的角色和座右铭吧。

懒惰，愚蠢，平庸

——人生三个乔装打扮的“朋友”

人生有两大趋势，一是被宇宙万有引力的吸引，重压，向下运行，二是克服引力做功，向上飞升。

向下者，除引力之外，便是社会的群体无意识——“乌合之众理论”，从大脑到身体，自我丧失深度学习、深度思考、高维判断、坚韧搏击的能力。向下者的思想，不是逆水而上的活鱼，而是随波逐流的死鱼。

向上者，知其然，知其所以然，直指万事万物本质，格物致知，洞察人性，以有限人生，连接无限天地，以确定性脚步，丈量不确定性道路。做负重前行的骆驼，做勇猛无畏的狮子，做赤子之心的婴儿。

向下者，学习的懒惰，变思维的懒惰；思维的懒惰，变行为的愚蠢；行为的愚蠢，变人生的平庸。向下，如梦中滑翔，如自由落体，舒适区里，坚冰化水流。

而懒惰、愚蠢、平庸者，皆不自知，懒惰、愚蠢、平庸，乔装打扮，讨人喜欢，最易成为你的朋友，你的伙伴。

认清自我，方能认清敌友，方可交上勤奋、智慧、卓越的真朋友。

别用婚姻吓初恋

小学生从幼儿园到一年级，上学如初恋，以好感为先，以童心相悦为先，以激发兴趣为先，以一见钟情为先，以激发孩子对学课的情为先，以激发孩子对老师的情为先，以激发孩子对校园的情为先。对学习，有了那份情，那份爱，那份兴趣，便形成了内动力，再逐步培训习惯，逐步提出规矩，逐步增大方法、任务、考核等要求。

一开始就把要求、任务，放在前面，就像谈恋爱，一开始就约法三章，就提出要嫁妆，要车子，要房子，要养孩子，要吵架，全是苦差事，就像今天不少青年的结婚恐惧症。这样的学习，一开始可能是被动学，要我学，一但形成被动，学习就废掉了一半。

别用婚姻吓初恋。新学期开始了，别吓孩子，别一次立太多规矩。新校园，新老师，新同学，新课本，都是你的新天地，新朋友，新玩伴——当然最后也将是你的新赛场。

培养学生的心理弹性与韧性

当下学生，不少心理脆弱。安逸舒适的环境，确定性的无变化、无挑战、无自然力量和社会力量的生活，让不少孩子长出一颗玻璃心，一个有前途有大作为的人，首先不是高智商的人，首先是一个心理强大的人。而心理弹性与韧性，是心理强大的重要个性心理特征。

学生心理的弹性与韧性培训，是个性心理的可塑性实现，不同年龄段有不同的特征及关键期。培养心理弹性与韧性，培养出心理强大的人，是学校和家庭教育的重要任务。

学生成长的压力有学习类、人际类、行动类、生存类、诱惑类、健康类等，压力与心理弹性之间存在三大非线性关系：一是强弱的乐感，节奏化。二是有无的释放，调节化。三是思维的转换，化学反应。

无一定成长的压力与风雨，便无弹性韧性心理发育的土壤，因而，骄生惯养无异于杀子，便是溺爱的代价。

学生成长是知、情、意、行四位一体，互相促进。涉及认知心理学、情感心理学、意志心理学、行为心理学。

在成长中创设情境，让青少年参与其中，在共同的活动中彼此交往、相互作用，在一系列心理互动的过程中认识自我，构建良好行为方式、人际关系，面对或解决不确定的问题。让青少年学会在社会校园有效地发挥自己的作用，释放压力，在互动中获得快乐感、价值感。加强对人生理想及学习目标的理解，激活青少年的内部认知、情感和觉醒，消解内心矛盾冲突和焦虑。创设活动情境和活动项目，使青少年在活动中体验认知、情感和情绪的变化，行为促进认知提高，使行为上的改变上升到认知层面。习惯积淀品质人格，通过多次活动的强化训练，成员反复体验认知、情感和情绪上的变化，最终习得良好的习惯，使行为和认知方式上的改变积淀为个性心理。心理弹性与韧性在知、情、意、行四方面滋养、训练中得好提升。

心理弹性与韧性有不同，又有一致性，二者都包括三个方面：伸拉性、能量性，可塑性。不同人不同年龄，度量不同。青少年阶段是不可忽视的关键期。

古今之成大事业大学识者，必经过三种之境界："昨夜西风凋碧树，独上高楼，望尽天涯路"，此第一境界也；"衣带渐宽终不悔，为伊消得人憔悴"，此第二境界也；"众里寻他千百度，蓦然回首，那人却在灯火阑珊处”，此第三境界也。这就是心理韧性，是坚韧不拔的意志力，是胜于雄才大略的心理品质。

一剪梅·李白故里中秋读书会

丹桂飘香诗意浓，
人在月中，
月在人中。
李白故里聚英雄，
书声琅琅，
童声琅琅。

读罢丹青绘苍穹，
笔舞月宫，
墨舞月宫。
少年心思几人同，
你也画梦，
我也画梦。

学习苏东坡读书“五境界”

——“中秋读书会”有感并寄语小朋友

人们尽知得阅读者得天下，然天下潜心发奋阅读的青少年何其少！四川老乡苏东坡为千古一圣人，世人赞其文曲星下凡，与其发愤读书是分不开的。东坡读书有五种境界。

广泛读书。苏东坡“发奋识遍天下字，立志读尽人间书”。以量为先，泛读速读。在书海与古今圣贤对话，与天地万物交流，纳千山万河于一心之中。

读思结合。“旧书不厌百回读，熟读精思子自知”，在量上泛读，又在质上精读，读思结合，读烂读透读破一本好书，化为己之精血。

读写结合。“博观而约取，厚积而薄发”，读写结合，有进有出，“读书破万卷，下笔如有神”。

读书修身。读书改变容颜，化为精神气质，“粗缯大布裹生涯，腹有诗书气自华”，读书培养一副精神的肠胃，“人间有味是清欢”，读书之乐，甚过美味佳肴，其乐融融，乐在其中。读书之美，首先让自己“颜如玉”。

读书立业。读书为用，为行，为立身立言立业。立大志，下恒心，通过读书，实现人生远大抱负，正如他所言：“古之立大事者，不惟有超世之才，亦必有坚忍不拔之志。”读书为人生赋能，为青春赋能，让大禹治水、精卫填海的古今精神能量、宇宙能量，像太阳的辐射，穿越时空化为自我心身的强大能量。

人生处处有分流，恰是一江春水向东流

幼儿园分流，幼升小分流，
小升初分流，初升高分流，
高升本分流，本升研分流，
选事业分流，寻配偶分流，
养子女分流，度晚年分流。

人一出生就在分流，政府、社会在忙于制定各种分流规则，人们在匆忙应付规则。从幼儿到老年，人生十次关键分流，少年影响青年，青年影响中年，中年影响老年。前六个分流表面是分数，后六个分流在变数——所谓变数，人在社会上的文凭、性格、品质、能力、精神、环境、机缘各种参数都在起作用。其中变化转化，时运莫测，规律难寻。

那我们如何面对分流？是追逐分数？是追逐教育部政策？是追逐环境变化？是焦虑眼前一次次分流？还是漠视分

流随波逐流?

以上都不是面对分流的科学态度，科学态度是:

一、扎根梦想

少年立梦，“咬定青山不放松”，怀梦逐日，矢志不渝，托付终生。

二、做最好的自己

化他人的标准、社会的标准，入自己的标准，我有我更高的标准、更美的标准、更恒久的标准。不活在他人眼中，活在自己心中，不为他人打工，只为人生做功，不为他人做作业，只为人生创事业。

三、慎对分流拐点

不以分流为目的，不畏惧分流，不忽略分流。不以一城一池得失定乾坤。借势社会分流点，化为我成长升华的拐点！让我的拐点与分流点同频率，同节奏，滚滚长江东逝水，一路高歌到东海。

四、领时代之先河

社会何处去？时代何处行？我创造价值支点在何处？我奉献社会支点在何处？我的爱就在何处！我的歌声就在何处！我的汗水泪水血水就在何处！我的脚印就在何处！我一生飘扬的旗子就在何处！

面对分流，泰然处之，以诗为证：

但见他人忙分流，
千家焦虑万户愁。
我心自有东海浪，
一路风景心中留。

家长“八不”“八要”

做家长是一门学问，家长要修炼自己。当下有问题家长比有问题子女多，子女问题几乎是家长问题。家长要不断学习提升自己眼界格局及教育艺术。实在做不到，家长故意缺失也比在场好。家长是第一老师，家长也是最好的老师。

不催作业，长催生厌。

不劝吃饭更不夹菜，劝吃伤胃。

不吼叫，吼叫是魔鬼。

不代子女决策只协助分析，代决策伤脑。

不唠叨，唠叨是苍蝇。

不在说别家孩子时伤子女自信。

不在辅导作业时急躁，急躁心慌。

不要一味满足物质条件，记住享了童子福要背老来时。

要天天唱歌以歌声唤起歌声笑声唤起笑声。

要早起迎日出，全家感受太阳的光和热。

要自己读书，以书声唤起书声。

要分享子女小成就。

要留出子女独立空间，子女江湖子女作主。

要给子女找优秀玩伴及良师益友。

要在冷静研究后理性严厉批评子女错误。

要发现子女闪光点经常鼓励促进长板更长。

勇敢教育是人生德行之首

勇敢是人生高贵的品质和宝贵的财富。

从古至今，无数历代讴歌勇敢的优美诗句："亦余心之所善兮，虽九死其犹未悔。"（屈原）"刑天舞干戚，猛志固常在"（陶渊明）、"黄沙百战穿金甲，不破楼兰终不还"（王昌龄）、"莫听穿林打叶声，何妨吟啸且徐行。竹杖芒鞋轻胜马，谁怕？一蓑烟雨任平生"（苏轼）、"生当作人杰，死亦为鬼雄"（李清照）、"壮志饥餐胡虏肉，笑谈渴饮匈奴血"（岳飞）、"人生自古谁无死，留取丹心照汗青"（文天祥）、"千锤万凿出深山，烈火焚烧若等闲。粉骨碎身浑不怕，要留清白在人间"（于谦）、"千磨万击还坚劲，任尔东西南北风"（郑板桥）、"我自横刀向天笑，去留肝胆两昆仑"（谭嗣同）、"红军不怕远征难，万水千山只等闲。五岭逶迤腾细浪，乌蒙磅礴走泥丸"（毛泽东）……勇敢是滚滚长江黄河的能量，是天地间壮丽的风景。

从小培养孩子独立、坚强、勇敢的品质，所谓虎父无犬子，“将门之下，必有将类”（《史记·田叔列传》）。

麦克阿瑟的父亲生性勇敢、坚强、富有惊人的毅力，他也很希望儿子具有这种性格。在麦克阿瑟五六岁时，父亲就教他骑马和打枪，他的父亲还曾经用了整整两个晚上，亲手制作了一把精美的木剑，把它作为圣诞礼物送给了他。许多年后，麦克阿瑟还就此对人说：“它使我兴奋不已。挥舞着它，仿佛自己就已经成为一名骑士，能够勇往直前。”

有一次，麦克阿瑟挥舞着那把木剑随父亲出外打猎，突然从树林中蹿出了一只豹子，咆哮着朝他奔来。他顿时惊惶失措，拼命跑到父亲身后，紧紧地抱着父亲的身体。同时，木剑也掉在了地上。

父亲鸣枪吓跑豹子后，严肃地对他说：“你要勇敢，要做个真正的男子汉！永远不要忘记，你是军人的儿子！”说罢，父亲弯下腰捡起了木剑，重新交到麦克阿瑟手中。

这件事对麦克阿瑟影响极大。从此，他一有机会便去锻炼自己的胆量。终成一代名将。

小时候，我怕走夜路，我爷爷叫我心中念四句：“无相心中有，金毛狮子吼，铁汉也低头，雷音唧嗡兽。”后来真不怕走夜路了。其实，并非这四句话有什么神奇的魔力，而是因此激起了我心中的勇气。心有疑虑，风声鹤唳；心无所惧，一往无前。

勇敢是人生德行之首，勇敢这种德行品质保证了人生所有其他的德行，无勇敢一事不成。甚至成懦夫叛徒——背叛自己人生的叛徒。

勇敢可从以下十个方面培养：

一、公园里玩勇敢游戏。

二、趁早独立，趁早把孩子交还到他的江湖。

三、修炼武术强心志体魄。

四、不养温室花朵，不用老母鸡的翅膀遮住子女天空。

五、吟唱豪迈雄壮的诗文歌曲。

六、忍耐与坚毅结合。

七、故事里古今中外英雄形象，榜样力量，家族勇敢文化。

八、大爱、忠诚与担当，树立利他利民利天下理想。

九、经历苦难挫折困难。

十、经历自然风雨，北方寒冬。

当前中国基础教育的四大问题

教育强国建设已然成为新时代教育改革发展的重要举措，是实现教育现代化的重大目标。而基础教育则是教育强国建设的重要组成部分，关系到教育强国建设的根基，关乎社会主义现代化国家建设宏伟目标的实现，其重要性不言而喻。然而，当今中国基础教育却存在不可忽视的问题：

一、体质体能劳动锻炼不够常态化，孩子肢体力量不足是普遍现象。

二、知识低层次化。所学知识，技巧偏多，营养不足，要求不必要的准确度耗费大量时间。语文的诗歌、散文、小说、说明文、议论文名篇阅读不足，语文的阅读与写作在低端徘徊，数学的各种概念接触过晚，数学历史文化了解不够。了能性学习不够，精确性学习过多，太求高分，知识面过窄。中小学知识应在宽与浅上学习，运用上学，目前太窄与深。窄而深，至多能得一掬甘泉；宽而浅，才能拓万亩良田。

三、知识的生活化学习不够，知识枯燥，生活与知识两张皮，学习过早从生活中分离出来成为一种任务或负担。小学应强化生活即教育，成长即学习。大学以后才是教育即生活，学习即成长。小学学习就是童年本身，是成长本身，而非仅仅是任务。小学每天要学习和家长每天要上班是有很大区别的。

四、自主学习成长时间空间不够，生命能量自我激发不够。过早长期关闭性程序化学习，影响了生命自我野性、创造性、自主性、愉悦性的发育。

基础教育阶段，所谓打好基础，应是体质、良好习惯、学习兴趣、文明素养、独立能力五大基础。增强知识与劳动，生活的有机融合，在一定精确记忆的同时，扩大知识面，扩大人类文明成果的框架性了解，扩大语文、数学、科学、社会学科体系的了解，增加学科思维方式的学习，让孩子更早进入传承文明、享受文明、创造文明的繁衍性学习长河中。《咏鹅》、《井赞》、圆周率这样的创造，也才会提前出现在孩子成长过程中，也才可回答钱学森之问：中国教育何时出现大师？

数学是人生最浪漫的事

数学是那无限星空的图画，神秘之美，秩序之美令人陶醉。

数学是儿童的你在田园在森林捉迷藏，淘气的玩伴屏住呼吸，等着分享你找到他那一刻的惊喜。

数学是城市房屋、桥梁、车辆变幻莫测的积木，不同积木里藏着同样简单美丽的概念、逻辑、公式。

数学是生产、是交换、是增长，是聚合裂变，是国内国际一切社会关系中最核心的纽带。

数学像影子一样伴随你，是吃饭，是睡觉，是出门偶遇，是回家相约，是变化的时间和空间。

数学是明月千里寄相思，寄的是无数排列组合的大数据，懂我，是解出的温暖的题。

加减乘除是数学的四个工具，删繁就简，化生归熟，数形融合，包抄迂回，诗意想象，普遍联系，是数学的战术与路径。

数学生活，是歌是画是诗是与灵魂与思想的旅行，是无限美的向往和无限爱的心语。

是啊，朋友，数学是人生最浪漫的事。

大师的诞生

——“三我”学习

我会干——自信的成就感。

我一样——自乐的群体感。

我决策——自主的权力感。

“三我”，是动物的本能，是人的心理本能，是学习的本能，更是大师产生的本能。

观察大草原、大海、蓝天的万类生命，莫不是“三我”学习，教育该做的是创造出草原、大海、蓝天。

教育，不是一味要求、干预、管教。一味要求干预管教是对“三我”的毁灭，这也是当今教育出不了大师的“丰功伟绩”。

教育是环境，让学生模仿知识技能的环境，让学生模仿榜样的环境，让学生激发兴趣的环境，让学生养成习惯的环境，让学生激发潜能的环境，让学生实现梦想的环境。

环境绝不是主角，绝不是主体，绝不是高调的“大人”和“考试”。

自我成长，自我学习是人类的本能。从学习的本质上说，学生是不能仅依靠学校，不能仅依靠老师的，因为学习就是吃饭，内因是自己解决饥饿。如果一定需要外因，那便是找到一种环境，一群玩伴，让学习的本能、大师的本能，随生命成长自然自主涌流出来，学校家庭只是“吃饭”的环境，我们的一切努力，一切的功夫，一切的艺术，都仅仅是在环境上做文章。

孩子忽略“三我”学习，暂时成绩再好也是走不高远的。围绕“三我”，培养其自信、自乐、自主、自我管理、自我专注、自我上进的品质才越走越好。

目前部分老师家长教育注重培养眼前假成绩，看似高分，是因为近期的死记硬背的考题多，培训多。但孩子越到复杂的后期死记硬背不灵了，好成绩就越来越掉队。

低段数学要注重数感的培养，注重原理的讲解和概念知识的铺垫，疏理清楚数学关系思维。不能让学生天天反复计算刷作业题，数学在小学三年级之前，学好数学需要大量的基本概念的熟悉，有好的记忆，需要对大量数学概念生活化及基本运用的理解，需要求广度亲和度，而不是一味求深度困难度；小学中高年级时便需要强大的逻辑思维能力，抽象思维力，空间想象力；中学需要归纳演算能力，和更复杂的逻辑空间思维能力，攻城攻关的研究求索突破能力。

语文需要语感，需要广泛海量的兴趣阅读，需要高品质的阅读写作习惯、能力的养成，需要打通语文书本与社会、自我的关系，打通我书、我眼、我心、我手四者的联系，而具体的语文作业，阅读理解，在小学中低段是基本不必要的，不重要的，甚至是非语文的。

以真人的状态走进学习

以游人状态去旅游，而不是以研究专家状态去旅游；以观众状态去电影院，而不是以导演或制片人状态去电影院。同样，真正的学习是以人的状态走进学习，走进学校，走进书本，而不是以学生的状态。从一定意义上说，学生或老师是不存在的——这世上哪有什么学生与老师，只有在知识原野里打成一片的人。生动活泼的，朝气蓬勃的，充满爱与激情，思辨与意志力的人。

以对知识的热爱、渴望去感受知识。在你达到深刻感受之前，跟你是学生没有太大的关系，这时你的状态仅仅是深入知识本身，当你真正进入语文或者数学或其他学科以后，学科中最微妙、最深刻、最高水准的东西，感染了你，滋养了你，同时它也就改造了你，让你在敏感、想象力、审美趣味、逻辑、思维、激情、意志、爱等方面获得了滋养。一直坚持走下去，你就会逐渐成长为一个被某种学问的最高水准启蒙、滋养、创造过的人，一个具备一流知识素养和卓越创造力的人，你也会以人的状态创造这种学问。

真人才有真正的学习，才有卓越或大家的产出，而芸芸众生大多在任务里，在学习以外学习，学的只是皮毛啊！

论磨合

人生是一种磨合，学习是人生第一场关键的磨合。

磨炼、磨难、打磨是对自我与社会家庭学习的互动式沉浸式的交流、冲突、调整、提升、强化、激励、唤醒、发掘，是一个长期的、艺术的、诗意的、科学的、生动的、戏剧式的过程，是美学、力学、生物学、社会学、教育学数种学科合一的过程。学习与人生本质是过程，所谓结果决定成败，只是暂时的决定，最终的评判是过程。磨是内外能量对生命做功，含物理反应、化学反应、心理反应，含有聚变裂变蝶变。

合是合解，是融合，是合适，是天人合一，是志同道合、百年好合，是中西合璧，是物我两忘；合是主客体的互友互乐互惜互爱互生互发；合也是一个过程和境界。磨而不合，非学也，磨而合之，优学也。

磨合是发展观，世间万物各有生长规律，在磨合中成长。磨合是革命观，矛盾较量斗争，转化，从量变到质变，度过战略防御、相持、反攻三个阶段，从大小战役到关键战役，积小胜为大胜，从局部推全局。

磨合中的学习与成长，考验耐力与意志，考验智慧与格局，考验信念与理想，考验理论与实践。让参与磨合的生命的全细胞全过程不忘初心，牢记使命，方得始终。把学习当人生，把人生史当作中国共产党党史，新中国发展史，中华民族发展史，方知磨合之艰苦卓绝，磨合之灿烂辉煌。

行动起来，打破溺爱包围圈

孩子自己做的五十分，胜过父母代替他做的一百分。给子女溺爱的怀抱，把世界挡在外面的父母是自私的；给子女打伞为子女挡住风雨，把天空也挡在外面的父母是可怜而且愚昧的。过分溺爱带来的是子女的无情，和对父母爱的漠视无感无恩。朱熹说："溺爱者不明，贪得者无厌。"

警惕父母包围圈吞噬孩子独立性，埋下孩子反感逆反的种子。子女的焦虑不安以及没完没了的依耐与内心深处的反感是父母包围圈造成的结果。

电影《无问西东》里，一位母亲对儿子说："我只希望你好好活着，体会人生的乐趣。希望你结婚生子，不是给我增添子孙，而是想让你知道为人父母的乐趣。"

处处为孩子着想已经成为不少家长溺爱孩子的冠冕堂皇的理由。

母爱是世间最伟大的力量，中国家庭的基础无疑是父母对子女无私无怨无悔的情感，父母的心灵早在十月怀胎的胎儿期就与子女交织在一起了。但爱子女是一门艺术，一门科学，一种境界。

好母亲把儿子当朋友，坏母亲把儿子当情人；好的父亲把自己当楷模，坏的父亲把自己当君主；好父母把子女当伙伴，坏父母把子女当部下。一流的子女与父母的关系应当是这样的：子女与父母是同一场战役中，不同战场、不同战壕的战友。

电影《肖申克的救赎》里说的："那些鸟儿注定不会被关在笼子里，它们的每一片羽毛，都闪耀着自主自由的光芒。"不要溺爱子女，因为溺爱子女，你的潜意识就会自动背负他的命运，而他的命运是应该他自己背负的，他的成功失败喜怒哀乐都需要由他自己体验。

放飞子女，海阔凭鱼跃，天高任鸟飞，"万类霜天竞自由"（毛泽东）。在父母控制设计之外，人生无限的不确定性，正是子女人生的魅力与精彩，而父母只是作一个顾问和辐射的能量源。

诗人纪伯伦曾写道：你的孩子，其实不是你的孩子，他们是生命对于自身渴望而诞生的孩子。他们通过你来到这世界，却非因你而来，他们在你身边，却并不属于你。他们不属于父母。

老子在《道德经》中用 12 个字写出了父母与子女的科学关系:“生而不有，为而不恃，长而不宰。”圣人化生万物而不据为己有，能效法自然之道，达到淡泊无私的境界，创作万物任其自然，既不占有，也不控制。自然无意识，无欲望，所以能毫无私心地生养万物。圣人虽有意识，却能修道忘我，消除私欲，不为一己之利而生产创作，达到极其崇高的精神境界。

让你的子女从自我缺失、自我怀疑和对家庭学校评价的恐惧，到自我精神自我意识的增强，与父母之间设立独立的边界，摆脱父母的人生控制，让孩子强大到不受他人的情绪控制，在人际关系中建立起自我适当的空间边界。

让子女自强自立自主，按自己的梦想计划生活，拥有我的学习我做主、我的生活我做主、我的人生我做主、我的江湖我做主的独立思想、独立精神、独立能力。放手吧，以欣赏的眼睛目送子女在梦想的征途前行，让被宠爱压迫的孩子们成为独立的主人。

语数一家

小学阶段，语文似乎显得更重要，语文对思维的作用远远超过数学对思维的作用，而数学是在初中阶段才发力，这时候，它的作用会远超语文。小学阶段语文基础的扎实，全是来自思维模式的成长，思维模式又回到了字、词、句、段。真正的教育是让孩子把数学和语文当作一回事来感知和学习，不要把它分开。生活中，语文和数学也是分不开的，用的是语文的思维，用数学的工具来解决生活中的问题、工作中的问题。数学，语文，数语一个词，不分家，由此，作语数一家歌两首以寄感慨：

抽丝剥茧解难题，
咬文嚼字敲文章。
若是逻辑在心中，
始知语数本一样。

少年不怕难题难，
庖丁解牛只等闲。
文火煨烂铜豌豆，
小锤敲碎铁石板。

在“三动”中培养九大爱好

在“三动”（活动、运动、劳动）中培养人生九大爱好。打通“三动”与人生的联系、与情商的联系、与综合能力的联系、与学习的联系，培养“三动”的特长爱好，激发人生活力与正能量，提高学习生活事业的快乐度幸福度。

因材施教，根据孩子现在情况，计划如下：

朗诵（英语美文），电视台专业指导，参加活动。从朗诵到演讲，在游学活动中行吟。

美声唱歌（英语歌曲），业余，美声老师专业指导，参加学校活动，在游学中放歌。

乒乓，参加学生运动会。

篮球，业余玩。与挑战，团队精神。

游泳或马拉松或武术防身健身，业余玩。

种田，每年寒暑假一天。

围棋，业余玩，培养逻辑思维能力。

诗书画，参加学生赛事活动，从毛笔到硬笔书法。

下厨，业余玩。

学习不能承受之重

我们往往让学生的童年及青少年时代只有学习，而让他们失去了人生的学习之外的营养与精彩，偏食教育的低能现象不可逆转。我们往往在学习上就事论事，想用学习的方法解决学习的问题，因学习本身与子女过不去，把学习这个“朋友”“玩伴”变成“宿敌”“冤家”，这样的学习就是病态的，强人所难的，奴隶主似的压迫性的学习。中国画“六法”中提“传移模写”，就是要移花接木，把学习之外的，刻苦、努力、专注、梦想、乐观、自信、抗压移植转用在学习上，把学习上的毛病放在学习外去医治，别太与学习过不去，真正的学习是纯粹的自我心流的过程。

为学习而学习，或是秉持唯学习论，往往让人迷失在“学习”当中。事实上，知识不过是一种信息，信息是无穷无尽的，我们不应该为了追求信息的规模而学习，而应该是为了一个目标而学习，学习得身心愉悦。庄子云：“吾生也有涯，而知也无涯。以有涯随无涯，殆已！”所以，学习也不能饥不择食，更不能盲目埋头，让学习者成为学习的奴隶，要学得轻松，学得透彻，学得有策略、有选择，使自己真正成为学习的主人。

言有诗书气自华

“腹有诗书气自华”（苏轼），把腹中诗书用嘴吟唱出来，用笔写出来，用诗词喂养每一个日子，让每一个日子都充满诗情画意。

每一种缺失诗意的生活、学习、工作都是对人生的自我辜负，甚至是自我戕害。学以致用，信手拈来，让古人诗词与眼前、当下的此情此景结合起来，让诗情画意的阳光照亮每一个平凡的日子。

诗言美。在生活、工作和学习中，处处有景，处处有美，发现美的眼睛和心中的美感，是诗意人生的重要一步。经典的诗句能使人们自然而然地受到触动，流淌出来，活学活用，一下子升华自我的境界。

当你步入秋天，你会想到“解落三秋叶，能开二月花”（李峤）；当你步入幽静山林，你会吟唱“空山不见人，但闻人语响。返景入深林，复照青苔上”（王维）；当听到山中的声音，你会吟唱“空山新雨后，天气晚来秋。明月松间照，清泉石上流。竹喧归浣女，莲动下渔舟。随意春芳歇，王孙自可留”（王维）；当你去追逐蜂蝶，你会吟唱“儿童急走追黄蝶，飞入菜花无处寻”（杨万里）；当你走到乡村，你会吟唱“绿遍山原白满川，子规声里雨如烟。乡村四月闲人少，才了蚕桑又插田”（翁卷），“绿树村边合，青山郭外斜”（孟浩然）；当你看见遍地落花，你会吟唱“落红不是无情物，化作春泥更护花”（龚自珍）；当你去吃农家乐，你会吟唱“莫笑农家腊酒浑，丰年留客足鸡豚”（陆游）；当你独望中秋山月，你会哈唱“人闲桂花落，夜静春山空。月出惊山鸟，时鸣春涧中”（王维）；当你感叹季节变换，你会脱口而出“天时人事日相催，冬至阳生春又来”（杜甫）。

诗言志。你为梦想而学习，而奋斗，诗词给你的梦想增添力量。诗词让你攒足力量向前冲，诗词让你艰苦奋斗不放松，诗词让你百折不挠不放弃，诗词让你前途光明见曙光。

你为梦想奋斗，你会吟唱“路漫漫其修远兮，吾将上下而求索”（屈原）；你有宽广大爱的胸怀，你会吟唱“海纳百川，有容乃大；壁立千仞，无欲则刚”（林则徐）；你获得奖励，更加努力，你会吟唱“欲穷千里目，更上一层楼”（王之涣）；你遇到困难，你会吟唱“世上无难事，只要肯攀登”（毛泽东）；你面对善恶，你会吟唱“横眉冷对千夫指，俯首甘为孺子牛”（鲁迅）；为了利他，为了家国天下而学习，你会吟唱“先天下之忧而忧，后天下之乐而乐”（范仲淹）；珍惜每天的时间你会吟唱“盛年不重来，一日难再晨。及时当勉励，岁月不待人”（陶渊明）；表达你的远大抱负，你会吟唱“天行健，君子以自强不息。地势坤，君子以厚德载物”（《周易》）；表达你的少年勤学，你会吟唱“少壮不努力，老大徒伤悲”（《长歌行》）；表达你坚定的理想信念，你会吟唱“有志者，事竟成，破釜沉舟，百二秦关终属楚；苦心人，天不负，卧薪尝胆，三千越甲可吞吴”（蒲松龄）；表达你与懒惰作斗争，你会吟唱“业精于勤，荒于嬉；行成于思，毁于随”（韩愈）；表达你意气风发的状态，你会高歌“长风破浪会有时，直挂云帆济沧海”（李白）；表达你的恒心，你会如荀子一样“骐骥一越，不能十步；驽马十驾，功在不舍；锲而舍之，朽木不折；锲而不舍，金石可镂”；表达你以有限人生研探无限知识，你可吟唱庄子的“吾生也有涯，而知也无涯”；当你步入书斋或校园，你会吟唱韩愈的“书山有路勤为径，学海无涯苦作舟”；当你去岳麓书院，你会吟唱朱熹的“少年易学老难成，一寸光阴不可轻”；当你看见天空老鹰，你会想到自己远大理想“大鹏一日同风起，扶摇直上九万里”（李白）、“不飞则已，一飞冲天；不鸣则已，一鸣惊人”(《史记·滑稽列传》)……

立大志者，有广博的诗心；做真诗人者，有立大志的境界。

诗言爱。人间有爱尽是诗，故乡之爱，朋友之爱，亲人之爱，情人之爱，师生之爱，爱是人内心的各种的感觉、思想和行为的一种综合的心理和生理状态，是对外界刺激所产生的情感反应。

当你思念友人，你见鹊鸟会吟出“终日望君君不至，举头闻鹊喜”(冯延巳)；当你表达相思你会像李白一样吟出“入我相思门，知我相思苦，长相思兮长相忆，短相思兮无穷极”；当你表达对某人特别的好感，你会吟唱“色不迷人人自迷，情人眼里出西施”(黄增)；当你表达与某人一见钟情，你会像李商隐一样吟唱“身无彩凤双飞翼，心有灵犀一点通”；当你异地望见故乡人，你会吟唱“近乡情更怯，不敢问来人”(宋之问)；当你表达心中无限思念，你会吟唱李商隐的“相见时难别亦难，东风无力百花残。春蚕到死丝方尽，蜡炬成灰泪始干”；当与朋友举杯相聚，你会吟唱“一生大笑能几回，斗酒相逢须醉倒”(岑参)；当你送别友人，你会吟唱“同是天涯沦落人，相逢何必曾相识”(白居易)，你还会安慰“莫愁前路无知己，天下谁人不识君”(高适)，你会托友人代言“洛阳亲友如相问，一片冰心在玉壶”（王昌龄），你会表达彼此心志“海内存知己，天涯若比邻”（王勃），你会再敬一杯友谊之酒，“劝君更尽一杯酒，西出阳关无故人”（王维）……

诗者，言美、言志、言爱，诗不是用来背的，更不仅仅是用来考试的，是用来生活，用来学习，用来工作，用来愉悦身心，用来开启心志的，是沐浴我们每一个日子的蜜一样香甜的阳光啊。让腹中诗书流出来吧，让诗书养成你的气质，让自己与生活都洋溢诗情画意。除了吟唱古人之句，还能自己创作，我口唱我心，我手写我心，舞文弄墨，吟诗作画，载歌载舞，人生如是，岂不快哉。

论真学习

积极主动的学习，是思维与情感的体操，是最优美动听的生命之歌，是真学习。

从概念到基本原理，到基本方法，到这个领域内的核心知识框架，形成一个抽象的逻辑体系，再形象化形成一个神经元状的思维导图。将此与美感、情感结合，便形成并强化为能分泌多巴胺的自我心理特征及生理本能。对该学科抽象化、形象化、情感化的过程，也是从兴趣出发归为兴趣的反复耕耘的过程。

每一个学科从小学到中学到大学到成为大师的过程，是学习者在这一学科领域输入输出的生命能量日渐增强的过程，是对该学科逻辑体系的丰满与深入，是对神经元状的思维导图的丰满与深入。

真学习是全面的学习、立体的学习、发散的学习、自由的学习、批判的学习、创新的学习、诗意的学习，而不是假学习，假学习是低效的被动的学习，是局部的、琐碎的、僵化的、直线的、表面的、任务化的、权威化的、考核检查化的学习，假学习难以转化为本能，难以形成能量，更无法走出大师。

真学习是出于对知识的真正兴趣和好奇心，为了解决学习中的问题或提升自己而进行的深入学习，其并非止于表面的学习，具有其内在动力。真学习强调自主学习，能够独立思考和解决问题，会利用各种资源和方法来克服学习中的困难，不是痛苦的死记硬背或浅薄的浅尝辄止。真学习能够真正掌握和应用所学知识，能够将知识转化为实际能力，从而解决实际问题。真学习具有持续的内动力和勤奋，能够长期坚持并不断反思和调整学习过程。总的来说，真学习是一种主动、深入、持久的学习方式。

十大能力成为学霸

学生素质教育第一，但考试是淘汰学子的门槛，在为人生远大理想而学习的同时，把自己变成学霸，顺便考出好成绩，考入好学校。其关键在十大能力培养。

能力是综合素质与个性心理形成的一种解决问题，生活学习工作发展的力量。学生的学习能力、成长发展能力的培养，是学习的关键，盯住能力的规律性培养而不是盯着一天天的分散的任务或成绩，是学生成为学霸的战略问题、关键问题。

能力形成包括七个方面：积极动机、目标计划、专注目标、书本知识、热情实践、优秀同伴、觉悟总结。

注重培养十大能力，有利于学生成为学霸。

1. 阅读能力。泛读精读，好书读 4 遍。

2. 写作能力。乐于写诗写作文写论文。

3. 计算能力。口算心算快而准。

4. 空间能力。几何数形。

5. 钻研能力。钻研难题深题，钻研课题，逻辑思维严密，创新思维敏捷，系统思维完善。

6. 英语能力。学以致用，中西同美。

7. 作业能力。定时高效，快而对而美。

8. 听课能力。互动，拓展，换位。2分钟预习2分钟总结。

9. 考试能力。优秀应考品质，乐于擅长挑战亮剑。

10. 独立能力。自立自学自强自我锻炼自我江湖——我的江湖我做主。

我骄傲，我是数学

我骄傲我是数学

我是 0

是孕育生命万物的神蛋

是 0 长出的 123456789

987654321

我是天地间神秘的语言

是健盘上优美动听的旋律

我是 +－× ÷ 四则运算

我能算出万事万物的答案

算出你每天的进步和你与梦想的距离

我骄傲我是数学

我是无限延伸的射线与直线

是两点间最短的线段

我是两条线从一个点长出的角

不仅有常见的直角锐角钝角
还有那特殊的平角周角
和车轮一样旋转的成千上万度的角
在三角形中，我的三内角之和为 180 度
我直角三角形三条边符合勾 3 股 4 弦 5 的定律
在家居、房屋、街道、桥梁、游乐场
到处都有我家族的影子
三角家族的稳定性是我在建筑上存在的意义

我骄傲我是数学
在多边形中，我有最常见的四边形
有特殊的两组对边平行的正方形长方形平行四边形
还有那只有一组对边平行的梯形
在生活中
人们常算出我的周长与面积
推导出一个又一个计算公式

我骄傲我是数学
在各种图形中
有一种图形像太阳像一轮中秋满月

它就是半径绕着圆心旋转 360 度的圆
2 π r 是圆的周长
πr^2 是圆的面积
4 个圆面积可以变成一个半径相同的球
我便从平面变成立体
从球到圆柱圆锥体
从正方体到长方体
摇身一变我有了三维空间和体积

我骄傲我是数学
我重量的单位是吨公斤千克
我面积的单位是亩公顷平方米
我长度的单位是公里千米分米厘米毫米
我时间的单位是分秒小时
我钱的单位是元角分
我密度的单位是千克 / 立方米
在生活与生产中
人们换算我的单位十分熟悉
我也与人们的生活生产寸步不离
我是数学，我有时变成整数有时变成分数

有时变成小数有时变成负数
百分数是我一个好听的名字
当你参加春游
我以时间速度路程陪同你
如果你要了解出行天气变化
我会为你算出阴晴云雨的概率
如果你与全校师生一起出行
为了便于组织
我将分类集合
把上千人分入几个集合里
随时随地都可以精确统计
绝不会丢失一个孩子

我骄傲我是数学
我是表格数列数轴是世间一切运动变化的轨迹
我是数轴上漂亮的抛物线
是正弦余弦正切的函数值
我是鸡兔同笼龟兔赛跑逆水行舟
是羊群吃草两车相遇
我是数学是千变万化的魔术师

我一手拿着 Y 一手拿着 X

从正比到反比

从一元一次方程到二元一次方程

到 n 元 n 次

如果你要解开我

你就像剥笋抽丝

化繁为简找到最清晰的思路与逻辑

我是数学，是毕达哥拉斯、欧几里得、阿基米德古老殿堂里五光十色的宝石

我是语文物理化学地理最好的玩伴知己

在现代科学技术的发展中，我是形影不离的函数微分徽积分

是牛顿、高斯、欧拉 、黎曼、笛卡尔着迷的游戏

当把诺贝尔奖一样伟大的菲尔兹奖颁发给青出于蓝而胜于蓝的创新英雄

我骄傲我是数学

在东方，中华民族的祖先最早发明了算盘

最早提出了《九章算术》圆周率

从刘徽、祖冲之到秦九韶

从华罗庚、陈景润到陈省身、丘成桐
他们是中华民族数学天空闪耀的星座
史册上记载着他们万古不朽的功绩

我骄傲我是数学
我是手机动车航母核潜艇以及人造卫星宇宙飞船的创造者
是握在造物主手中的法力无边的法器
是藏在宇宙心中的永远令人神往的秘密
随着每一个春夏秋冬周而复始
我激励你日积月累激情飞扬的兴趣
在每一个斗转星移鸟语花香书声琅琅的日子
你拥抱我
我拥抱你
我骄傲，我是数学

学习七层次化境

第一趣味化。学习不可以过于枯燥，应该使人感到愉快、感到有意思、对人有吸引力，要是没有趣味性就会感觉呆板。学习对于学习者来说是愉快的活动，是有意思的活动，是有吸引力的。有趣，思趣，寻趣，趣的深入与升华。

第二简易化，深入浅出。陶渊明说自己“好读书，不求甚解”，也就是学习中的简易化。根据学习的具体情况，有时候我们需要精简学习，也就是带着一定目的性、主题明确的学习方式。

第三情境化。就是将课堂上现场的资源化成教的资源，实现学的资源与教的资源及时循环转化。

第四自我化。感悟人生成长、化入对学科的领悟。

第五实践化。读书要学以致用，不可以坐在象牙塔里读死书，最好的学习就是去实践，所谓“读万卷书不如行万里路”，在实践中检验书本知识，在实践中深化书本知识。任何知识要转化为能力，无论怎样给孩子讲解，都不如让他自己观察，无论如何观察，都不如让孩子自己动手实践——说不如看，看不如做。

第六融会化。浅出深入，点面互化。在学习过程中若能触类旁通举一反三，是非常重要的。如果不能够融会贯通，在运用的过程中就会出现各种各样的弊端，也会出现各种各样的问题。其实我们每个人都应该在知识与智慧的追求上学会融会贯通。

第七人文化。学习不是一个纯粹的求知过程，而是一种文化行为，比如学生的语文学习活动便是一种充满人文精神的活动。知识的获得应该与道德社会人文哲学转化，学习知识的目的，主要的并非掌握知识本身，而是要在学习中提高自身的认知能力、合作能力、创新能力等，从而养成人的人格、气质和修养。

论因材施教

飞速发展的时代，对高素质人类群体的出现，要求越来越迫切，如何有效地贯彻实施素质教育，培养出适应时代要求的人才，让学生成才，是每一个从事教育工作的人都必须正视的现实问题。

远在春秋时期，我国第一位教育家孔夫子便已自觉地运用着“因材施教”这一教学原则，乃至于它成为儒家“教学论”中的一个著名的原则，影响了中国教育几千年。

因材施教的教学原则所包含的因素是多方面的，首先要求教育者必须了解学生的志向和才能。在这一点上，因材施教的鼻祖孔夫子便给我们做出了榜样。史载：孔子弟子三千人，贤者七十二。面对如此众多的学生，孔夫子却能够经常和学生在一起，有意识地了解学生们的个性，从而做到在教育中对症下药。例如，孔子曾说：“柴也愚，参也鲁，师也辟，由也喭。”（高柴愚笨，曾参迟钝，颛孙师偏激，仲由鲁莽）在这里，我们不仅知道即使是大教育家孔夫子的学生，虽然有像颜回那样的贤才，也有资质欠佳的“愚笨、迟钝、偏激、鲁莽”者，而且我们更看到孔夫子对自己的学生知之甚深，他仅各用一个字就概括出了四个学生的个性。这一点显然是孔夫子能够做到因材施教的一个重要前提，也是他教育能够成功的一个重要因素。前贤已经给我们做出了很好的榜样，我们如果想使自己的教育获得成功，便没有理由不借鉴其成功的经验。更何况，随着时代的飞速发展，我们的教育对象的个性差异性和丰富性，远非两千多年前的孔子的学生可比，那么，我们在这一方面只有付出加倍的努力，才可能略有所获，否则，恐怕连教育的最起码的要求都难以达到，更遑论教育的成功了。总之，了解学生的志向和个性，是因材施教原则所包含的一个基本因素，也是教育成功的重要前提之一。

其次，因材施教的教学原则也要求我们要适应学生的个别差异去教学，使其各尽其才，发挥开发人才的作用。教育对象的具体情况的千差万别也就决定了我们的教育方法必须因人而异，才可能达到预期的目的。在当今的教育界，由于种种原因，使教师的教学方法越来越单调呆板，模式化、程序化。这显然是与因材施教的教学原则相悖的，也是决不可能让学生普遍成才的。其实，对这一教学弊端，我们的先人早已警戒过。《礼记》中的《学记》篇，是我国乃至世界最早的自成体系的教育学专著，《学记》告诫我们说：

“今之教者，呻其佔毕，多其讯言，及于数进，而不顾其安，使人不由其诚，教人不尽其材，其施之也悖，其求之也佛。夫然，故隐其学而疾其师，苦其难而不知其益也。虽终其业，其去之必速，教之不刑，其此之由乎。”

（大意：现在的教师教学，老是照本宣科，令学生呆读死记，上课搞满堂灌，急于赶进度，却不考虑学生能否巩固，不调动学生学习的自觉性，也不发挥学生的聪明才智。采取措施既不符合教学原则，提出要求也不从学生实际出发。这样做，只能使学生厌恶学习，埋怨教师，把学习视为畏途，而不知道它的好处在哪里。即使勉强结了业，学的东西也会很快忘掉，教学收不到应有的效果，原因就在于此吧。）

虽然《学记》讲的是当时的教育弊端，但对于我们今天的教育工作者来说，并非没有借鉴意义。如何彻底改变教学方法的一成不变，真正做到因材施教，使我们的教育对象都能成才，已是我们不容忽视的现实课题了。在这一点上，孔夫子依旧是我们学习的楷模，朱熹认为孔子“教人各因其才”。而孔子对于因材施教确实很有经验，他能够做到按照学生的优缺点进行不同的教育，孔夫子不仅充分了解自己的学生特点，而且在教育中也有针对性地采取因材施教的教育方法。《论语·先进篇》记载：

子路问："闻斯行诸？"子曰："有父兄在，如之何其闻斯行之？"冉有问："闻斯行诸？"子曰："闻斯行之。"

公西华曰："由也问闻斯行诸，子曰：'有父兄在'；求也问闻斯行诸，子曰：'闻斯行之。'赤也惑，敢问。"子曰："求也退，故进之；由也兼人，故退之。"

从这段记述中，我们看到，孔夫子的学生子路和冉求先后都问孔子"是否听到了就行动起来"的问题，而孔子却分别给予了截然相反的回答，他对子路说，有父兄在，怎能不请示就行动起来呢？而对冉求却肯定地说，听到了就行动起来。当他另一个学生公西华在旁边听到了，不明白其中的道理，就问孔夫子为什么这样给予不同的回答，孔子解释说："求（冉求）也退，故进之；由（子路）也兼人，故退之。"原来孔子是根据子路和冉求的不同特性从而给予不同的教育。显然，他这种因材施教的教学方法对于其学生今后的成长是很有作用的。在这里，孔夫子给我们树立了一个因材施教的典范。

因材施教，让学生成才，是需要我们长期坚持和研究的一个课题，也是“百年大计，教育为本”得以落实的一个极其重要的组成部分。

强者十大思维

在竞争日益激烈的社会中，每个人都渴望成为强者，但真正的强者不仅仅是力量的象征，更是一种思维方式的体现。强者思维，是一种积极、坚韧、富有远见的心理态度，它让人们在面对挑战时能够保持冷静，化压力为动力，不断超越自我，最终成就非凡。一般说来，强者思维主要体现为以下十个方面：

1. 战略思维，战略规划预见
2. 系统思维，全面看待事物
3. 辨证思维，辨证转化
4. 创新思维，批判创新
5. 规矩思维，规矩法律
6. 底线思维，有所为有所不为
7. 强者思维，敢于担当，敢于胜利，专注使命
8. 负熵思维，树敌胜敌生命以负熵而生
9. 容合思维，包容联盟朋友联合股份合作
10. 逻辑思维，遵循逻辑规律科学

让孩子聪明的十二种营养

一、亲情友爱的营养

二、社会实践的营养

三、乐山乐水乐田园的自然营养

四、运动活动的营养

五、充足睡眠的营养

六、音乐美艺诗意生活的艺术营养

七、平衡酸碱食物的食物营养

八、自主全面的阅读营养

九、好奇科学的实验营养

十、创作想象童话的科普营养

十一、数学逻辑的游戏营养

十二、幽默自信交流的沟通营养

进来吧

——田园牧歌书院

春秋时期的伯乐把自己多年积累的相马经验写成了一本书《相马经》，再配上各种马的形态图。他的儿子看了父亲写的书，以为相马很容易，就拿着这本书到处找好马。他按照书上所绘的图形去找，结果一无所获。于是，他又按书中所写的特征去找，最后发现有一只癞蛤蟆很像书中写的千里马的特征，便高兴地把癞蛤蟆带回家，对父亲说："爸爸，我找到一匹千里马，只是蹄子稍差些。"伯乐一看，哭笑不得，没想到儿子竟如此愚笨，便幽默地说："可惜这马太喜欢跳了，不能用来拉车。"接着感叹道，"所谓按图索骥也。"

这个故事告诉我们，认真读书固然重要，然而，只一味死读书也是不行的。如伯乐的儿子这般还不过是闹笑话，若像纸上谈兵的赵括那样，则不仅自招杀身之祸，还可能有误国误民的严重后果。所以，青少年时期这个人生成长的重要时期，不仅要发愤攻读，更应该走出书斋，活学活用，在不断交流体验实践里成长。

田园牧歌书院便是秉持这样的理念，为青少年提供健康成长的环境。

进来吧朋友，田园的农夫为你准备了充满清香的阳光，宁静的泉水，童真的飞鸟，充足的新米粥，小麦饼，烤红薯，考腊肉和热情的牧歌……

浅论传统语文教学的弊端与矫治策略

具有悠久文明史的中国，教育也积淀了宝贵的财富，而具有几千年历史的传统教学，自然也留下了丰厚的思想、理论和方法。这些理论和方法，也就构成了我们语文教学的根基。但随着时代的发展，我们也要思考如何适应新时代的要求，不断改进我们的教学方法。在语文教学里，创设和谐的美的环境，让学生在和谐的、宽松的、美不胜收的课堂里遨游，欣赏学习语文的美，便是非常重要的教学方法。

第一，摈弃传统的师道尊严，建立和谐的师生关系。

在传统意识中，师生关系是非常严肃而庄重的，“师道”是神圣不可侵犯的。当然，必要的“师道尊严”是应该保持的，但如何构建在教学中师生间的平等对话在新时代教学中显得尤其重要。因为在教学过程中，如果师生不是平等的关系，心里的距离必然会增大，心灵上达不到沟通，这将极大地阻碍学生的学习发展乃至人格建立。

马斯洛健康心理学告诉我们：任何一个健康人心里都有

一些需要，当满足了基本需要，一个更高的需要才得以出现。当学生满足了师生间的平等、互尊、合作的需要，学生才会因此发展了自尊、自重。当学生的情感需要得到满足，在和谐的学习环境里，感到自身的价值、人格得到尊重、承认，才会轻松地、愉快地投入学习，避免了无谓的争端、烦恼、恐惧。因此，现代课堂教学应确立师生平等的教学观念，构建平等对话的教学平台，让师生在坦诚、互尊的环境里学习，以达到理想的学习效果。

语文的学习是学生与作者、学生与老师、学生与学生之间感情互相交流的过程。我们要认清自己的角色，尊重每一个学生，师生关系应亦师亦友。我们尊重学生的人格，更尊重学生的不同的思维模式、思维的技巧，乃至求新、求异的思维。对一篇文章有不同的见解、不同的思考，师生可以一起谈观点，论认识，说感情，一起沉浸在作品的情感中，同悲欢，同离合。在平和的气氛中，师生一起学习，一起去发现和探求，才会有创造。

第二，力避传统的独学无友，寻求合作的学习方式。

《礼记·学记》早就告诫我们："独学而无友，则孤陋而寡闻。"然而，在我们教学中，却存在一个奇怪的现象，在德育工作中是非常重视集体主义教育的，班主任工作的核心是营造一个积极向上、团结互助的班集体，遇到问题，组织全体同学来讨论，发挥集体每个成员的力量来解决。而在日常教学中、学生学习中，我们更多的是强调要靠个人钻研，独立完成；没有重视群体之间的互相切磋，各展所长，乃至不同见解的碰撞、互相启发。语文课堂应该是活跃的思想交流场所，是表达和表现自己的场所。善于让别人理解自己，也善于理解别人；善于帮助别人，也乐于接受别人的帮助，既是未来融入社会的需要，也是成长的需要，这种需要的满足，就是一种快乐，一种美的享受。

作为一个新型的学习方式，合作学习在形式上有别于传统教学的一个最明显特征，就是它有力地挑战了教师“满堂灌”的专制。由于受到传统习惯势力的影响，不少教师把教师理解为“传授”的一方，把学生理解为“接受”的另一方，整个教学活动，就是作为传授一方的教师向作为接受一方的学生在知识和能力方面的单向灌输。在这种观念的支配下，不少教师通过辛辛苦苦的“讲授”，把自己备课的结果直接告诉给学生。在这种课堂上，学生没有独立思考的机会和时间，教师用自己的思维过程代替了学生的思维过程，学生丧失了自己的探索机会和探索过程。其结果是用一种声音代替了众多的声音，众多的学生变成学舌的“鹦鹉”，势必走向“创造”的反面。而合作学习方式则要求在课堂上给了学生自主、合作的机会，目的是培养学生团体的合作和竞争意识，发展交往与审美的能力，强调合作动机和个人责任。当然，合作学习不能流于形式，要注意激发起全体同学的学习兴趣，使每个学生都积极主动地去探索、去学习，并加强合作交流，合作学习让学生由被动变为主动，把个人自学、小组交流、全班讨论、教师指点等有机地结合起来。特别是在讨论中，发挥了学生的主体作用，使学生们相互合作、竞争，激发了学习热情，挖掘了个体学习潜能，增大了信息量，使学生在互补促进中共同受益，能力得到培养，学习兴趣得到激发。学生的知识不仅得以巩固，更会有能力进行新知识的学习，有能力进行自学，课堂教学的效果一定好，学生无论是在知识、技能方面，还是在能力方面都能得到发展，应试能力得到提升，其综合素质也能上新台阶。

第三，打破传统的循规蹈矩，拓展丰富的学习内容。

传统的教学，教师常常为教材所囿，在教学中循规蹈矩，不敢“越雷池一步”，这样，便使课堂教学内容的流于固定和单一，教学模式僵化，而与这种僵化的教学模式相适应的便是学生僵化的学习方法，其结果也显得是在扼杀“创造”，语文课堂教学课型单调，内容贫乏。我们应以教材为

“本”，适当拓展教学内容，以激发学生对学科的学习兴趣，并使之长久地保持下去，终生不弃，甚至发展为研究的动力、方向，内容起着决定性的作用。语文教材内容具有文学、人生、自然、科学等方面的丰富性，但由于各方面的原因，教材内容的丰富性，还没有达到尽善尽美，还有许多尚待完善的地方，这也留给老师许多发展的空间。

很多语文教师还停留在对教材的传授、分析上，而对教学内容的丰富性还没有引起很多的思考，错误地认为完成了对教材的教授就完成了教学任务，这是对教学的片面理解。教学内容的丰富，不但有利于激发学生的学习兴趣，还有利于养成学生的语文素养，形成语文能力。为此在课堂教学里，应重视课堂教学内容的丰富，尽可能地满足学生对知识的渴望，增广学生的知识面，扩大阅读量，激发对问题的思考，以期达到课堂教学内容丰富多彩、趣味盎然的和谐境界。

如果在教学中注意拓展教学内容，既能够丰富学生所学，又能够锻炼学生的迁移能力。语文课堂教学中的拓展迁移，能够让学生认识到“知识是引导人生到光明与真实境界的灯烛”，体会到广为涉猎的必要，同时也要意识到拓展迁移并非漫无边际，其实是有一定的归依的。简而言之，语文教学中的拓展迁移，既要从课内延伸到课外，又要从课外延伸到课内，即王国维所言“须入乎其内，又须出乎其外”。通过各种知识的相互交融，力求使学生完成已知未知课内课外之间的周而复始的往复循环，从而达到内外兼修的目的，既让学生通过拓展开阔了眼界，同时又能够锻炼学生的迁移能力。

总之，悠久的传统留给我们丰富而宝贵的财富，但我们也应认识到，随着时代的进步，以知识为本位的传统教学，更大程度上只强化知识，从而忽视了对人的生命存在及其发展的整体关怀，使学生成为被肢解的人，甚至被窒息的人，使学生成了盛装知识的容器，而不是具体的有个性的人——生命主体。我们应充分认识到传统教学的缺陷，在师生关系、教学方式、教学内容等方面矫治其弊端，使平等、合作、丰富成为语文课堂教学和谐美的主旋律。对传统教学从观念、教师角色、教学目标、教学内容、教学过程、教学模式等多方面进行整体革新，力求有利于学生素质的全面和谐发展。

欣赏他（她）

高尔基说："爱护自己的孩子，这是母鸡都会做的，但教育好孩子却是一门艺术。"随着孩子渐渐长大，和外界接触越来越多，他们想对这个世界探索和尝试的事情也越来越多，这时候家长就需要做一些改变，适时放手，更利于孩子的成长。教育说起来是一件大事，但都是从生活里的点滴做起。

孩子从幼儿园到小学是第一个社会化的断奶期，鼓励7岁孩子，适应变化，独立生活，是心理学的关键期，是社会学的关键期，是学习的关键期，当然也是生理发育的关键期。不适应不只是孩子，主要是家长大人。

1. 关于孩子睡觉，从5岁的分床，到7岁务必完全分床，必能适应集体生活，独立起居是7岁小学生一大重要能力。至于感冒，盖被子，撒尿在床，是成长中正常的，20岁的人也不可全避免。

2. 关于吃饭，担心吃不好，营养不足是多余的，今日孩子，问题不是吃不饱，吃不好，是吃得太饱太好，而聪明的孩子，卓越的孩子，心理学家研究指出，一定的饥饿状态很重要，比吃饱吃好更有益成长。

3. 父母退位，让孩子走出非亲情圈，走进陌生人群，走进自己的江湖，是孩子成长的关键。父母之爱，万不可抱着孩子，父母回避，7 岁后，父母要在孩子生活交友上躲起来，把牵手之爱，变放手之爱，辐射之爱，否则，成长温室化，巨婴化，害了孩子。

4. 孩子 7 岁后，需要磨炼，磨难的环境，需要变化的、不确定的、真实的社会，真实的人生，不是父母大人安排的舒适场，父母要用心爱，放手爱，磨炼是身心成长的重要养分。

成长的过程，就是适应变化的过程，自强的过程，就是经历自我磨炼，战胜困难自学自立自强的过程。

四轮人生

诗画，经文，史记，科技构成知识四维，如车之四轮。诗画主性情，经文主道德，史记主行动，科技主数理。诗画心之美也，经文心之道也，史记行之经验也，科技万物之规律也。人之求学，有美而情生，有道而德生，有史而路生，有科技而器生，四维而生，四轮前行，人之完人也。

仿写学语文

曾经读过这样一段文字，印象很深：

分不在高，及格就行；学不在深，作弊则灵。斯是教室，唯吾闲情。小说传得快，杂志翻得勤。琢磨打篮球，寻思看电影。可以打瞌睡，观窗景。无书声之乱耳，无复习之劳心。自习说闲话，讲课听不进。心里云：混张文凭。

这段文字之所以能给人留下深刻的印象，就是因为它是仿刘禹锡的《陋室铭》而写，这里虽有名作效应，也得有仿写者深厚的写作功力，否则画虎不成反类犬。而这段文字更让我们看到，仿写在写作中是非常重要的一种手段。

叶圣陶说："文章就是例子。"茅盾说："模仿是创造的第一步。"仿写与创新并不矛盾。仿写可以提高孩子的观察能力、思维水平、联想能力和想象能力，从而真正提高其写作水平。仿写能够帮助孩子在阅读与写作之间建立桥梁，实现从书本到生活的过渡。仿写是一条有效的途径，有助于减少写作难度，使孩子学会将生活中的画面转化为个性鲜明且具有吸引力的语言文字。对语文课学习后即仿写，可有七种方式。既学透课文，又提高写作。

文体模仿。

立意模仿。

题材模仿。

结构模仿。

风格模仿。

句子模仿。

移情模仿——读课文，产生写作冲动，随性而写。

场教育

——四川十人十地语文专题

走出课本学语文，到四川十人十地。课本上有其文章，先一人文章背一至二篇代表作，然后反复去十地，瞻仰十人，神交十师友，然后写十篇文章，再整合十篇文章写一篇大论文。身临其境的场教育，是打通地脉文脉人脉血脉的沉浸教育。

诸葛亮武侯祠——《出师表》,《示儿》。

李白故里——《将进酒》,《蜀道难》,《月下独酌》,《梦游天姥吟留别》。

杜甫草堂（成都三台）——《登高》,《茅屋为秋风所破歌》,《石壕吏》,《闻官军收河南河北》。

陈子昂金华山——《登幽州台歌》

欧阳修六一堂——《醉翁亭记》,《卖油翁》,《秋声赋》,《画眉鸟》,《除夕》。

苏轼三苏祠——《赤壁赋》,《赤壁怀古》,《水调歌头》,《密州出猎》,《蝶恋花·春景》,《题西林壁》。

陆游祠——《示儿》,《示子》,《钗头凤》,《十一月四日风雨大作》。

杨升庵桂湖——三国演义主题词。

郭沫若故里——甲骨文，天上街市，地球母亲，凤凰涅槃，屈原，蔡文姬。

张大千故里——读画读诗读山河人生之大美。

十大学习习惯

关于习惯，有无数名言警句：一切教育归根结底都是为了培养人的良好习惯。起先是我们造成习惯，后来是习惯造就我们。习惯是行为的女儿，不过女儿反过来养育母亲，并按母亲的模样生下自己的女儿，不过更漂亮，更幸运了。播种一个行动，你会收获一个习惯；播种一个习惯，你会收获一个个性；播种一个个性，你会收获一个命运。习惯是社会的巨大的飞轮和最可贵的维护者。积千累万，不如养个好习惯……习惯有学习习惯、生活习惯、运动习惯、工作习惯、思维习惯。一个优秀的学子，坚持养成十大学习习惯，如十大财富，受益终身，必有大成。

1. 静心阅读的习惯。每年 12 本书以上。

2. 管理时间的习惯。科学作息，以 30 分钟分割管理每天时间。

3. 潜心研究的习惯。找一个课题一个方向钻进去，学成于恒。

4. 耐心细致的习惯。不急躁，专注于点与面细。指读，手口眼并用。

5. 总结反思的习惯。时时、阶段总结归纳，作思维导图，建错题集。

6. 自学预习的习惯。预习先行，自学为主。

7. 专心听讲的习惯。带着问题听，听中提问题。

8. 写作积累的习惯。我手写我眼写我心从读书笔记到日记到诗文，到论文。每年写 2 万字以上。

9. 高效作业的习惯。准时快速美观正确完成作业。

10. 竞赛考试的习惯。把上考场当上运动场，勇于亮剑，乐于挑战。

人生九大能量

人之成就在少年之基础，什么是基础？不是成绩，不是名校，不是苦难，不是表象，不是暂时落后或领先。观古今中外之伟人巨子，人之成就是能量，是激励一生走远走高的能量，是让小我变大我的能量。人生九大能量，因人而异，获之，采之，开发之，利用之，终成大事。

一为美能。事物之游戏美景也。

二为信仰能。灵魂之归属也。

三为使命能。精神之担当也。

四为爱能。心之情感也。

五为体能。体魄之精气也。

六为智慧能。知识文明之开化也。

七为苦难能。逆境之锤炼也。

八为自然能。山水万物之赋比兴也。

九为宇宙能。道之逍遥，九天之信息也。

人生生生不息，能量时时不止，少年，青年，中年，老年，能量不随年龄老，但逐事业日日新。九能以复利蓄之，以聚变裂变生之，则人生致豪迈，致广大，致巍峨也。

成为大家的两大学习法：集中学习法与换位学习法

一、集中学习法

用一天的集中游一处景，用一周的集中游一片景，用一月的集中游一路景。把一个重点当一个景点，从观光浏览游到度假深度游。个别地方反复游。把系列集中串连起来，就可绘制出一门学科的知识地图——美景一样的有能量的知识地图。

集中学习，总是可把一门学科一个堡垒一本书化为五六个一组的问题，一共分五六个组，形成一个逻辑体系。

二、换位学习法

学习先是一门学问的学生，满怀热情与好奇，再是一门学问的践行者，学以致用，知行合一，再是一门学问的教授者，闻道后传道布道为人解惑，最后体验原创发明人之心路历程，与其神交心往，直到我是那公式原理的发明者，那文章那音乐那美术的创作者，体验初心，复盘原创心，吸收发明大师伟人巨子的心能，让知识有情有义有声有色。

作文创作

——小学生写作入门计划

写人 7 篇，写事、景、物各 3 篇，共 16 篇，每篇 400 字左右，先有生活体验，再读范文，再写作。

作文 7 点要求：书写美，谋篇布局合理，中心思想鲜明，感情真挚，语言确准生动，想象丰富，标点符号正确。

计划一个月完成写作入门训练。

（入门训练之后，坚持经常性片段及灵感写作，坚持读书笔记与仿写，坚持每两个月一篇的 600 字以上写作。争取 9 岁出一个作文集）

一年级提笔就以 400 字至 600 字的标准写作，写人记事绘景状物。先有话说，再提升。

一、体验生活发酵生活

用心同情拥抱反思生活。找到感动点，创新点。

二、读透名篇转化名篇

名篇语感，谋篇布局。句式，细节，片段，意境的欣赏，仿写。

三、自我写作打通读写

集中读之，联系生活写之，再读之，再写之。

四、比较批评提高鉴赏

与高手大家比较。发表文章。帮助别人修改文章。

让风情万种的语文滋养
五彩斑斓的人生

近几天与成都几位语文老师交流，对语文普遍表示出焦虑，这是一个中国语文的话题。

语文给人美感的享受、情感的体验、想象的启发，能量的激发。

学语文须坚持有文，有文方可行远，有文体现在五有：有激情，有诗意，有精神，有思想，有想象。在语文工具性与人文性中，五有体现在人文性。

当今中国语文界，遍是以工具性为主的现象，因而，中学生、大学生语文的素养与能力普遍较低。个别学生短期内应试似乎不错，但发展不足，越学越差。有趣的语文变得无趣，虽暂时高分而无益，虽下足苦功，或离语文越来越远。

前期应试过分强调语文的工具性，精确性，任务性，语文失去语文味，学生失去语文味，这样是注定走不远走不高的。

让风情万种的语文滋养五彩斑斓的人生，这是每堂语文课，一生学习语文的生动状态。或中秋随苏轼吟诵“明月几时有，把酒问青天”，或守望心中理想随李白吟唱“相看两不厌，只有敬亭山”，或随杜甫看“黄四娘家花满蹊，千朵万朵压枝低”，或随李清照唱哦：“知否，知否，应是绿肥红瘦”，或随王勃送友人“海内存知己，天涯若比邻”……语文，令人留连，令人陶醉，令人赞叹！无论是泰戈尔的哲思，还是屈原的忧愤；无论是欧阳修醉翁亭之游乐，还是朱自清春天的美景；无论是李商隐“何当共剪西窗烛，却话巴山夜雨时”的思念，还是陶渊明“悠然见南山”的怡然自得，都让人走进理想的生活，走进现实的生活。初春时，原上草木同苏醒，燕子报来春消息。夏日星夜时，满塘荷花香十里，田野众蛙尽歌唱。深秋，满山红叶尽染，满地落英作诗筏，寒冬，满天飞雪如鹤羽，更见青松雪中立……语文，有景，有味，有情，有义，有营养，有力量，五味俱全，五颜六色，五音流淌……

少年中国行

——东坡故里

认识苏东坡魅力无限的丰富人生。

苏东坡有四个角色，每个角色都达到中国文化典范高度，就像四条边组成的正方形。

一、文学家苏东坡

唐诗宋词，四川李白，东坡，各为旗帜。

唐宋八大家，苏家占三家。

二、书法家苏东坡

宋四家是中国北宋时期四位书法家苏轼、黄庭坚、米芾和蔡襄的合称。这四个人大致可以代表宋代的书法风格，而且成就最高，故称“宋四家”。而东坡留下天下第三行书《寒食帖》。

三、政治家苏东坡

苏轼的政治观点精髓在于“以民为本”。他认为当时国家形势是“有治平之名，而无治平之实”，主张“补偏救弊”“宣故呐新”，并提出一整套的改革措施。事实上，他在担任地方大员的时候，对王安石新法实施中一些弊端进行种种改进，也和他上述治理观点有关联。

四、生活家苏东坡

苏东坡“上可以陪玉皇大帝，下可以陪卑田院乞儿”；“吾眼前见天下无一个不好人”，一生朋友无数。

一生美食无数。东坡肉，估计很多人都吃过，这是苏东坡被贬黄州时发明的一道美食。话说那天苏东坡友人来访，他便将猪肉放入锅中用微火煨着，然后就开始和友人下棋，下棋太入迷了以至于忘记了锅中炖着猪肉，等到棋局结束的时候方才想起锅中还在炖着肉呢。忙起身去看，掀开锅盖一看肉香扑鼻，色泽红润诱人，尝一口味醇鲜美。这就是所谓的东坡肉的由来。

东坡肘子这道菜虽然是以苏东坡的名字命名的，但是它的发明者可不是苏东坡而是他那位爱妻王弗。苏东坡被贬四川时，有一次王弗炖肘子炖糊了，就想着用一些料遮掩一下糊味，没有想到的是发明了这种好吃又养眼的东坡肘子。东坡鱼这是一道名肴，在现在的酒席上也可以说算是一道大菜了，不过现在流传的东坡鱼很多，鱼的品种也很多，也不知道哪一种才是真正的东坡鱼了。苏东坡爱美食，尤其爱吃鱼，为此还专门写了《煮鱼法》。

当今语文教育的研究重点

中国语文教育发展至今天，不可否认，取得了十分显著的成绩，然而，面临一个新时期的到来，我们有必要放远眼光，重整思路，使语文教育能适应新时期的时代特征。

一、改进语文教育体制，倡导素质教育思路

中国语文教育有着悠久的历史，也建立完善了不少语文教育体制。然而，随着时代的发展，语文教育的体制也应有相应的改进节奏，否则，曾经行之有效的东西完全可能成为阻碍发展的因素。

当今中国语文教育，随着中高考制度的恢复。逐渐建立起了一套相应的体制；它对于促进语文教育的发展起到了决定性的作用，而且也在逐渐趋于完善。但是，当今的时代是一个高速发展的时代，中国语文教育体制的完善速度显然落后于发展的需要。在这一体制制约下的中国语文教育也处于相对落后甚至停滞状态，以致学生语文能力明显达不到相应学段的要求。

造成这种状况的症结之一便是现行的中高考制度。不能说中高考制度没有必要，但显然尚需改进。中高考制度的绝对权威性使中学师生的教与学必须围绕着它来进行，也就是说，当今的中国语文教育走入了“应试教育”的死胡同。语文教育不可随心所欲，更不能因材施教，于是，造成学生演变为解题机器，思路呆板，语文综合素质低下。这样的教育体制又怎能适合新时代的需要呢？这样的学生又怎能完成新时代赋予的重任呢？

现行的教育体制导致的落后的教育思路，早已引起了诸多有识之士的思索，围绕这一主题，近年来已有许多先行者在探讨，积极寻求新的突破。于是，中国语文教育界响亮地提出了“素质教育”的口号，力求解决滞后的语文教育现状。然而，针对这一问题的研究尚待深入，具体地说，在新时期，还要求我们沿着这一思路继续走下去，将好的思路升华为完善的体制，以尽快解决当前语文教育的重大问题，真正适应新时期的需要。

二、更新语文教材内容，紧扣时代发展脉搏

如果说，语文教育体制制约着我们的语文教育思路，那么，语文教材更规定了我们的语文教育内容。因此，语文教材在语文教育中的重要作用是不言而喻的，要达到促进语文教育发展的目的，而忽视对语文教材的研究，便成了“美丽的谎言”。

现行的语文教材是经多年来的修订、改进的，在历次的修订和改进中，语文教材的内容也在不断完善着，然而，不可质疑的是，语文教材的完善度是不够的，是不能适合新时期语文教育的新要求的。

我们的语文教材确实有一定的体系，也能再现古今中外许多名家名作的风采，一些明显带着某个时代烙印的已不适合新时代要求的作品也在不断的修订中得以剔除，然而，体系的完善度和内容的更新速度远远不够，我们这一代语文教师恐怕无不强烈地感受到，已经历了几代人的语文教材的内容大同小异，几十年的语文教材内容依旧是当今语文教材的主体。当然，这并不表明语文教材必须代代整体更换，我们的祖辈和子孙，也都需要学习屈原、司马迁，学习莎士比亚、巴尔扎克，而是说，某些在特定时代中虽曾有重大影响的而又不适合时代发展需要的“名篇大作”，不能让它束缚新时代学生思想。当今的语文教材内容显然还残存着这一印迹。为什么不能更多地选取现当代中外佳作呢？新时代的人为什么不更多地去领悟当代思想先行者们呢？新时代的人显然不应该更多地生活在旧时代的阴影里。

语文教育的最终目的是提高学生的读写能力，那么，语文教材的内容编排也围绕这一中心来进行。现行的语文教材也比较注重培养学生的读写能力，但是，在具体教学中，语文教材的内容还不能明确地突出这一中心，从课文篇目到思考练习以至教学要求都尚有许多不足之处，还不能以教材的魅力来调动师生的教学激情，从而达到教学目的。诸如文学性的薄弱、教学要求的笼统模糊、练习设计的不合理等问题均导致语文教学最终难于达到预期的目的，这也应是当今语文教育需探索的问题。

三、激发学生学习兴趣，促进学生个性发展

目前的教育体制、教材内容以及由此而形成的程式化呆板的教学方法，导致学生普遍厌学语文，很难从语文学习中获得愉悦感，更谈不上通过学习充分发展和体现学生的个性，从而培养出栋梁之材。

新时期需要新型的人才，而处于教学中主体地位的学生，显然是各方面都为之服务的、都应团结的轴心，假如改进语文教育的研究重点忽视了这一点，一切都只能是奢谈。

我们研究语文教育的改进，重要的因素便是当今语文教育成效不显著，难以达到理想的效果，培养出来的学生思维机械、语文综合素质较差。据说，有人拿“雪融化后是(　　)”的题来考查学生，中国的学生大都回答是“水”，而日本的学生回答是“春天”，两相比较，我们的学生显然缺乏想象力，思维机械、单调。这自然不是我们希望的结果。那么，是中国学生天生便如此吗？有一个电视主持人曾画一个圆圈问学生是什么，大学生们以哄笑作答，中学生中曾有较调皮的回答是“零”，但立即招来他的老师的呵斥，小学生则五花八门的答案，有的说是“太阳”，有的说是“发怒的眼睛”，有的说是“音乐家的嘴巴”……由此可见，并非我们的学生缺乏想象力，问题出在我们的教育体制和由此形成的教育方法上。为了适应呆板的中高考，教师不允许学生有任何标新立异，长久以往，学生自然呆滞机械，也不敢有任何“奇谈怪论”，厌倦学语文也在情理之中了。

如何改变当前学生厌学语文的现状，如何有效地调动学生的积极性，充分促进学生的个性发展，以使他们能尽情地在语文天地里遨游，汲取营养、陶冶情操，从而成长为社会有效的人才，肩负起新时期重大的使命，显然应是新时期语文教育界不可忽视的重大研究课题。

总之，当今语文教育界需要深思的问题很多，亟待解决的问题也不少，然而，长久以来习惯了的思维模式是难以一下子改变的，所谓“积重难返”。要真正消除当今语文教育的痼疾，我们任重而道远。

三大研究性学习

在完成日常课时学习、常规学习的基础上，如何保持学习的主动性？如何在中考、高考、硕士考、博士考四大人才竞争选拔中出类拔萃？如何咬住自己的人生梦想不放松呢？学生在常规学习之课余，做到三大研究性学习。

一是跳出书本研究书本。以编书人、写书人、教书人、出题人视角，俯视书本，抽象概括，联系迁移，组合变形，学活学精学透。

二是研究近五年考试真题。各省各国的考试真题，是智慧结晶，是思维成果，爱之，学习之，探研之，比究之，与书本与生活往反碰撞，开出新花，结出新果。

三是研究梦想特长兴趣所在的偶像。早立志，立大志，仰望星空，见贤思齐，对瞄准的偶像成长模式，思维模式，学科发展史，深入研究，给抱负供养分，给怀抱输能量，给理想塑灯塔。

快速阅读“三眼四度”

得阅读得天下。阅读慢者，弱者，规定时间内，书看不完，作业做不完，考试卷子做不完。天下功夫唯快不破。

看一篇文章，三眼 3 分钟内做到阅读理解，不同年龄，达到不同的阅读水平。三眼达到四度：速度，透视度，粹取度，精准度，是阅读理解四度。

一眼观全貌。

3 秒中全文作一幅画看，一目一页，一眼观全貌，大概看出文体，内容，风格，启承转合。

二眼捕信息。

一分钟找出核心要素：或时间、地点、人物、事件，或论点、分论点、论据、论证，或行文思路、段落结构，或修辞、名句、文眼。

三眼作连接。

一分钟找到阅读题要求与文中对应部分的连接，与自己已有知识的关联，以问题的刀子解剖原文。以七分原文的语言及三分自己的积累，精准回答阅读后面的问题。

多读多练，眼观之，口诵之，手记之，心感之，脑思之，全心身沉浸文中，文我一体。

童年的西瓜与芝麻

当今中国不少小学学生、家长、老师太忙、太急、太有压力，当今不少小学学生学习太苦、太累、太无趣，太僵化、太标准答案，不少学生看似成绩不错，作业不错，很乖乖，很听话，其实是以失去活力四射、天真烂漫的快乐童年为代价，这是得了芝麻，丢了西瓜。

“五有童年”是童年的西瓜，也是青少年乃至整个人生的西瓜，先抱西瓜，后捡芝麻。

一、有阳光。孩子是小太阳，有热情的阳光，心中有爱，眼里有光，成长过程有活力，有生气，有社会责任感，有社会人际交往能力，利他，利民，利国。

二、有诗意。有美感乐感，载歌载舞，诗情画意，每一个没有歌声和诗歌的日子，都是对生命的辜负。眼下不少学生，不会唱，不会笑，已成被动学习机器人。

三、有体魄。热爱运动，有强健的体魄。吃得，饿得，跑得，跳得，做得，男有阳刚力，女有阴柔美，男大当婚，女大当嫁。青少年体质动物性缺失，性别魅力缺失，是学习对孩子异化的另一大突出问题。

四、有思想。有独特的思想，深刻的思想，宽广的思想，多维的思想，批判的思想。我思故我在。我的探索，我的判断，我的发现，即使是五十分正确，也比把老师答案填在肚子里的一百分珍贵很多。

五、有坚守。坚守童心初心，坚守兴趣专业，坚守梦想，终身学习，终身阅读，终身写作，不抢什么起跑线，是一生诗意的且行且赏，认识到什么是真正的起跑线，培养“咬定青山不放松”的坚韧不拔的意志力，生命与大江奔腾不息，滚滚向前，一路风景一路歌。

童年不为成绩、名次、名校所苦所累，目前大多孩子在抢芝麻，唯此三者是争。

童年的分数思维必须毫不犹豫为“五有”让道，决不能成绩导向，决不随波追流。做内心强大富有的家长，学生，老师。

风物长宜放眼望，看大势，看长远，享受学习、奋斗的过程，享受生活、成长的过程。在大方向正确的路上，在壮美辽阔的天地间，踏歌前行。

夜半话教育：苦难与自学

昨天与一位64岁的友人品茶，其书法、运动、音乐俱善而乐之，为社会服务，热心而勤奋，生命状态青春而有活力，比不少高学历高官位者更有精彩的人生。

我研究教育，对其状态好奇，探究其学习精神，人生热忱来自何处？答曰：三年知青生活苦难岁月的历练，电大中文自修党校函授又西科大函授，终身自学能力自学习惯的养成。

苦难磨炼精神核能，自学吸纳生命养分。

青少年时期苦难与自学，的确是人生不可少的经历与财富！但今日优裕舒适的生活，苦难何处寻？今日填鸭监督式的教育，自学何处得？

我们已无饥寒的苦难，但应有田园劳动的汗水，有运运场的拼搏，有日日早起，逐日追风，风雨无阻向前进的意志力，有国家兴亡，匹夫有责，事业竞争，舍我其谁的内心深处的练狱与肩上的担当！从而让柔弱的血肉之躯变成强大精神之躯。

自学，阶段性的自学，终身的自学，应更在应试教育中，打开一个通道，植下一片森林，以兴趣、好奇、热忱、创造、使命，激发人生一次又一次变轨迭代，登高远望，去发现那无限美好的新风景，去开拓那令人神往的的新大陆。

在漫漫人生路上，谁都会遇到一些困难和挫折，有人因此萎靡不振，而有人却于逆境中奋起。于是，有人便碌碌无为，而有人反而会功成名就。张海迪，被称为“当代保尔”，身体高位截瘫却自学成才，成为亿万青年的好榜样。她的事迹激励了无数迷茫挣扎的人，也是我们思索苦难与自学的典型事例。

黎明给儿子话长征

大多数人的一生，没有步入自己的长征，只在路途的一个农家乐，吃吃喝喝，玩玩搓搓，叽叽哇哇，忙忙碌碌，磨磨蹭蹭，醺醺戚戚，消耗掉了，一双脚，始终没步入迈向远方的路，一双手，始终没描绘出自己理想的画图。

如何步入人生的长征呢？想想毛主席走过的波澜壮阔的长征，艰苦卓绝的长征，惊心动魄的长征，大智大勇的长征，激情燃烧的长征，诗情画意的长征，我们啊——祖国的每一位青年，家庭的每一个儿子，每一个女儿，当义不容辞弘扬长征精神，步入属于自己的，阶段性的、一生的“新长征”。

一、有高尚坚定的信仰

人来地球一遭，为了什么，你的一生如何度过？给灵魂一个信仰吧，一个高尚而坚定的信仰。这不是口号，是灵魂的召唤，灵魂的太阳，也是灵魂的家园。

不是外人外力，强加于你，不是给你喊口号，是你灵魂的需求。

二、有坚定清晰的目标

科学的目标，远大的目标，卓越的目标，坚定不移的目标，清晰可见的目标，脚踏实地的目标，循序渐进的目标。像大江水，滚滚向前奔大海。像西游记，踏歌远行，不取真经不回头。

三、有浪漫而现实的过程

一个长远目标，一阶段或一生的长征，是一场一场的战争，是一仗一仗打下来，是一个堡垒一个堡垒攻下来，是一座桥一座桥冲过去，是一个考验接一个考验，一个胜利接一个胜利。枪林弹雨，围追堵截、翻山越岭、跋山涉水，千锤百炼，方显英雄本色。

长征路上有风景，有欢乐，有凯歌，有笑声，有诗情。在革命浪漫主义者的脚下，把现实的万苦千难，踏成一道最美的风景，一道与伟人同游的风景，一道令后人欣赏赞叹的奇绝的风景。

浪漫而现实，在快乐豪迈中奋进，在奋进中战胜“本我”生命之柔弱，在奋进中变得强大坚毅，达到“超我”的境界，谱写卓越的人生。一曲《长征》慰平生——

红军不怕远征难，

万水千山只等闲。

五岭逶迤腾细浪，

乌蒙磅礴走泥丸。

金沙水拍云崖暖，

大渡桥横铁索寒。

更喜岷山千里雪，

三军过后尽开颜。

我的状元分数观

学校造状元，人间重分数。北大衡水中学状元郎，不过如此，三分豪迈，七分悲怜，状元小子，你有开挂的经历，却有不开窍的青春。乐乎？悲乎？成乎？败乎？难以一言以蔽之！

状元也好，分数也罢，偶尔排排队是竞争选择的需要，竞争淘汰是社会物竞天择之法则。

但那不是学习、工作的本色，更不是人生的本色。学习、工作、人生的本色是诗意的栖息，是知识的生产者，创造者，当然也是知识的消费者。一味的优秀、全面的优秀也是不可取的，一个青少年，在坚持长板更长、优势更优的奋斗中，留一些可爱的缺点、短板，也是必须的，不可事事争强好胜，不可一直去当“别人家的孩子”。向水学习，利万物而不争，向大地学习，载万物而无言。与谁都不争，与谁争都不屑，泰然自若，怀诗怀梦而行，偶尔也顽皮，时时也幽默，甚至也失败，乐在其中，升华自我。如此，学习，如此，人生，如此，美好。

学问形式主义

《杭州日报》曾有过这样一则报道:《期末排名落后对手学霸哭喊：考得比我高的最好死掉》。报道说，杭州初二女孩小丽，因期末考试排名比班级里的“竞争者”小强落后，竟然哭喊着:“我现在的心愿就是最好小强死掉！”无独有偶，一个刚刚上到初二的学霸，考试过后竟然哭喊:“考得比我高的最好死掉！”这样的事例在我们的生活里并不罕见，这也说明我们的学校教育，已经变态扭曲得多么严重。这样的教育，真的是在毁人不倦。这些孩子，已经把自己绑在了一辆战车上，而这辆战车的目标只是学习成绩的好坏，只是各项学校会考试的功课是否优秀。

烦琐的考试检查使学生对每天学习中琐屑的任务、眼前的荣誉予以太大的重视，没完没了的考试和疲于应付这些考试，占据了学生成长中一切的心智、能量，使得学生没有自由自主的心情沉浸更高的自我学习和更纯粹的精神活动，以致于无数天赋极好的学生都为应付这种环境所绑架，扼杀其最有创造性的生命活力。其高远的天空之上的自由精灵，其专注而永恒的自我心灵深处的探索精神被平庸而高高在上的“学问形式主义”束缚在眼前外在的荣光中。

这样的教育，终将变得事倍功半，甚至一无所获。

家长朋友们，千万忍住，千万忍住啊

天下家长，最易犯五大毛病，一曰劝、二曰催、三曰训、四曰吼、五曰打。

劝吃饭，劝穿衣，劝阅读，劝学习。劝得孩子生厌，生烦，生气。

催起床，催上学，催作业，催磨蹭，催拖拉。催出免疫力，催了也白催。

劝催不行就训，时时训斥，天天责备，如同今生仇人，彼此见不得。

训斥不见效，就加大分贝，就抓狂，就怒火中烧，暴跳如雷，就作狮子吼。

吼不见效，就动手动脚，无能为力，就比拳脚硬，力气大，混淆非理性的打骂和有原则的管教，还美其名曰“黄金棍下出好人”。

然后苦了孩子，哭了孩子，毁了孩子——宝宝心里苦哇！然后自己也在一边痛苦，一边痛哭。然后内心还有理不饶人，我是为你好啊！我生得了你就管得了你啊！然后，孩子与父母分心了。

“劝，催，训，吼，打”，的确是天下家长之五病，是愚昧无知之顽症。

好家长是一门高深的艺术，是一部孙子兵法，是心理学、教育学、生物学、社会学的综合灵活运用。

欲擒故纵，能而示之不能，声东击西，无为无不为，无数具体的方法，具体问题具体分析。

多关注孩子，少管孩子，不管之管，无为而治，先管住家长那一张嘴。努力让孩子做主，让孩子自主，让孩子自信，让孩子自理，让孩子自律，让孩子自觉，让孩子自强。家长退在一旁，指导之，提醒之，激励之，陪伴之，同行之，身教之，分享之，孟母三迁之，寻找同伴之，营造场景之。帮助孩子播下梦想的种子。制订他的长期近期计划：成长计划，时间计划，兴趣计划，学习计划，运动计划，健康计划，社交计划，劳动计划，理财计划，助人计划，行为规则。坚持以孩子为中心，接受孩子自己做得不大好的一切，静待花开，真心欣赏孩子的点滴变化。若需批评，应是长久一次的冷静深刻的春风化雨入心田的批评，要先把心打开。

家长朋友们，千万忍住，你有一千次的忍不住，气上心头，要“劝，催，训，吼，打”，你要有一千零一次的忍住啊！

家长朋友们，让我们做自信的、有格局的、有责任的、懂教育艺术的、有正能量的、学习型的、与孩子同行的家长吧。

学习与人生真正的差距在哪里？

人与人，学渣与学霸，平凡与卓越，哪有多大的智商的差别？除了少之又少的天才外，我们人人都一样啊，眼前的某道题，某次考试，某个分数，对于成功人生是微不足道的，某人暂时比你强，只是上帝制造的个性差异，只需待时日，你的长板长出来，你的潜力激发出来，你的光芒照耀出来，遍地的鲜花将为你绽放！

一、天性，成长中人生的初乳，是 3 岁，7 岁，12 岁，18 岁，24 岁，30 岁，几个人生拐点。

二、习惯，是一种神经、肌肉、骨骼重复记忆。爱、思念、语感、口感、说英语吃辣椒都是一种习惯。

三、环境，玩伴、志同道合者、良师益友、自然社会的影响力。

四、激励，持续、短期、长期的、眼前的、未来的兑现激励。

五、梦想，信仰与目标，计划行动。

六、责任，使命担当，格局利他爱人，有天有地，有家有国，有责有权有力有利。

七、方法，总结北大清华人、哈佛剑桥人、伟人巨人的方法，转化自我喜爱流畅的方法。

八、勤奋，懒惰是一种病，勤奋是一种学习、劳动、创新的习惯，人是学习、劳动、创新的产物。

九、自信，自信是思想的力量也是种心量。

十、兴趣，兴趣有先有后，兴趣是长出大树的土地，兴趣也是土地长出的大树，兴趣是可以用思想与爱培训出来的。

十一、恒心，一直坚持就有奇迹发生，感天动地。以坚强信念为动力的恒心是让你看见宇宙的奥秘，到达成功的彼岸。

十二、转化，重复知行，学习要复习，知识要转化为自己的，背与用，思与行都是转化。

十三、好奇，一生对学问保持孩童的好奇心，是童心与诗心与世界的对话，是真与美的探寻求索。

十四、顿悟，是突然的，阶段性的明白，觉悟。“众里寻他千百度，蓦然回首，那人却在灯火阑珊处”（辛弃疾），“忽如一夜春风来，千树万树梨花开”（岑参）。

十五、自律，自我约束管理，勇于说不，我心不动，天下未能诱我动。

十六、自主，我思我在，我爱我在，我行我在，我乐我在。

等待孩子的频率

我们在孩子的教育过程中，有些时候怎么说孩子都不听，你唠叨半天，付出半天，把自己感动得不得了，而孩子却油盐不进，毫不领情。你觉得特别违背你的最基本的认知，最基本的原则，几遍、十几遍催促，孩子都充耳不闻，你忍无可忍，觉得自己像上汽的高压锅，马上要爆炸，你加大说话的分贝，大喊大叫，但依然没有效果，孩子还是若无其事。这个时候，其实是因为孩子的频率与你的频率不在一个频道上，孩子注意力还在另外地方，孩子还在路上，你却等不及。这个时候你最好的办法是放下，放下你此时的执念，放下你此时的要求，等待孩子转移注意力，只要孩子这个时候的行为不会造成安全事故，没有其他重大的损失，你完全可以转移你自己的注意力，别管孩子，给足时间空间。等到十分钟、半小时、一小时、两小时或者半天、一天后，孩子的频率调整过来了之后，他才能够接受收你的信息，才能够和你同频共振。这个时候，你会觉得孩子好可爱，柳暗花明，阳光明媚。

有时候没有经验没有自控力的家长或老师，常常在一件具体事上，与孩子赌气斗气，甚至达到不可收拾的地步，是家长老师缺乏频率意识所至。

这样的频率等待，还表现在青少年成长中的开窍。中医开窍指脏腑与体表器官生理上相通，如心开窍于舌（与耳），肺开窍于鼻，肝开窍于目，脾开窍于口，肾开窍于耳及二阴。现代汉语用来表示开悟，明白理解事情的道理。孩子开窍有时候还可能是半年、一年甚至几年，这是不同生命成长规律，好事多磨，自古英才多磨难，慢就是快，磨难是上天的财富。

频率一接通，孩子一开窍。便如雨后春笋，快速拔节凌云，如出水荷花，一夜新绿满塘，而那泥土下黑暗中的等待，家长及教育工作者要有科学的耐心、信心、慧心、喜悦心。

三条钢丝上的舞蹈

每个学生，每个家庭培养学生，面临三个维度，三者各有侧重，一致又不一致，有的甚至于相互矛盾。古今应试状元者，稀有大成就，然而成大才又绕不开应试，成人更不可不考虑成才与应试。三者关系如何协调、转化，宏观是国家人才战略、教育战略，微观是家庭的战术、战役、方法、路径。能科学面对者，能在三个维度间找到路径者，甚少，此小文亦一言难尽矣。

一、成人维度，健康体魄，开朗性格，优良品德，劳动生存，人际关系。

二、成才维度，远大梦想，沉浸兴趣，自主创新，跨界博学，信仰使命。

三、应试维度，标准答案，考试范围，眼前任务，应试技巧，学习功利，升学目标。

三条钢丝上的舞蹈，舞者当心系三维，今日见一些学校，苦心孤诣宣传单科满分、最高总分，心有隐痛，非常不以为然。

田园牧歌书院开营仪式上致辞

同学们、家长朋友们、导游们：

很开心大家一起走进田园，走进田园牧歌书院！人人春风满面，拥抱大自然，在蓝天白云、绿水青山中，放飞自我，放飞童年！田园牧歌书院，让我们在田野中学习，在劳动中学习，在生活中学习，让我们乐山乐水，见天见地，见最美好的自己！

今天是五一国际劳动节，我们怎么过节才有意义呢？在今天的田园牧歌研学中，我们也要收获五个一：

画一幅田园画卷，唱一首田园的歌，学一项田园劳动，交一个新朋友，读一本田园的书。

同学啊，欣赏田园的画卷，你用眼睛看，处处都是一幅画，把你看见的美景画下来。田园有鸟语，有水声，有家禽闹，有昆虫鸣……在田园，你心中一定有诗或歌流淌出来，或吟诗，或唱歌，任你自由选择；采桑、养蚕、摘果、挖菜、钓鱼、煮饭，总有一样劳动是你喜欢的，劳动中的你，很精彩；田园是一部大书，一部无字的百科全书，有数学、语文、科学、艺术。今天，与书院导游老师一起找到你喜欢的书籍，像袁隆平爷爷一样的科学家，像写《从百草园到三味书屋》的大文学家，像华为任正非一样卓越的企业家，像齐白石一样著名的艺术家，也许就在你们中间呢！

同学们，放飞自我吧，我羡慕你们，我在田园尽情为你们吟唱！

接收每一个日出的能量

每一个清晨，要接收到红日初升的能量，要接收到地球转动的能量，要接收到黄河长江文明的能量。每一个清晨，要听到内心深处冲锋的号角，要听到内心深处奋进的鼓点，要听到内心深处远方的呼唤。苟日新，日日新，又日新，一天比一天，信心更强，意志更坚，干劲更足，能量更大，在茫茫学海，滔滔人海，中流击水，锐意进取，直挂云帆济沧海。坚定地做自己梦想的掌舵人，把个人成长同祖国强盛、民族复兴、时代进步、人民幸福紧密结合在一起，勇于为祖国担当、为民族担当、为时代担当、为人民担当。

壮哉，少年中国，美哉，中国少年郎。

孩子，今后逐渐少管你了，让你十个方面增强自己内动力。

一、决策力，天天我做主

二、思考力，我思故我在

三、利他力，利人利家国

四、成就力，丰收果实甜

五、挑战力，抗压负重赛

六、计划力，远近计划图

七、自律力，江在岸内流

八、美学力，沉浸意境中

九、爱慕力，偶像与榜样

十、信仰力，仰望我天空

青少年要勇于锻炼“八大”意志肌肉

“度量大如海，意志坚如钢”十个字是毛泽东对朱德革命意志、坚定革命理念的高度评价。朱德的意志是在枪林弹雨和白色恐怖中磨炼出来的，是在出生入死和艰苦卓绝中磨炼出来的。毛泽东自己更是有火热而远大革命理想、泰山般坚强意的人。青年毛泽东从体魄锻炼到勤奋学习，到革命事业，都拥有生命不息，学习不止；生命不息，奋斗不止的强大意志，拥有与天奋斗、与地奋斗、与人奋斗其乐无穷的强大意志，拥有直面自然界和人类社会各种困难、敢于善于战胜遭逢的任何敌人的强大意志。

今天的青少年特别要谨醒自己走出舒适区，挑战自我，拼搏到无能为力，坚持到感动自己，勇于亮剑，敢于面对失败。人生岂能一帆风顺，接受有输有赢，不拒黑夜，向阳而生，培养革命理想高于天的意志力！

青少年不断地挑战自我，培养竞争力。把心打开，从榜样、伟人处获得精神力量，从天地间，从日月星辰、山川大海中获得精神力量，从万里路万卷书的诗意中、哲理中获得精神力量，以超过他人的学习能力、意志力作为持久的竞争优势，成为意志坚强的优秀青少年，尤其是锻炼出八大意志肌肉：

一、挑战自律的我——自律意志。

二、挑战独立自强的我——独立意志。

三、挑战艰苦奋斗的我——吃苦意志。

四、挑战磨蹭拖拉的我——时间意志。

五、挑战专注记忆的我——专注意志。

六、挑战天天阅读的我——阅读意志。

七、挑战又快又好完成计划的我——工作意志。

八、挑战天天运动的我——运动意志。

田园耕读美学研究

语文、数学、科学、美术、音乐都融入田园，都是一幅画、一首歌、一次游乐，是美感、乐感、动感三感互通，是想象性、探索性、挑战性三性合力。观察它，阅读它，欣赏它，研究它，热爱它，沉浸它，与它为伴为友为师。

如何找到读一道数学题与读一首诗一样的感觉？

如何找到看一道几何题与看一朵花一样的感觉？

如何找到看化学实验与看麦子熟了一样的感觉？

如何找到看物理反应与看田园流云一样的感觉？

哪有题海？都是花海！

哪有校园？都是田园！

人的生命力免疫力创造力

我 18 岁多中学快毕业时，给同学毕业留念写的赠言是：“努力活得长一点，尽量活得好一点！”一个 18 岁少年对生命与友爱的礼赞似乎有些“贪生怕死”的味道，实则是一个少年觉悟人生后的坚强、坚韧与达观，是对未来将要出现的不可预知的挫折苦难的藐视。前晚在绵阳小岛作家长讲座，家长们告诉我太多孩子的焦虑、抑郁。其中一个家长说他身边有四个学生挂了，有一个还是名牌大学，就因为研究生没上复旦。听之，甚痛！甚震惊！今日之青少年，精神应更加富有，而不是苍白贫穷，当在学习生活中修炼四性，努力提高自我生命力，免疫力，创造力。

一、追求人生主动性。不是我被选择，每个阶段是我主动选择。

二、追求人生平台性。在高平台位，金字塔巅端的细分领域安身立业治学。

三、追求人生独特性。我思我爱，故我在，我的不可取代的价值，爱我所爱的责任担当。

四、追求人生过程性。苦乐，成败，荣辱，贵贱，得失，如一日之黑白，天地运行之道也。待我们走过之后才发现都是人生风景，都是人生财富，都把我们磨炼得更加强大，更加坚韧，当生命有了无上的精神，便如日月永恒之光耀，如河流万古之奔腾。

“努力活得长一点，尽量活得好一点！”一辈子，把人生打磨成蕴含天地灵气的一颗有光的宝石。

附录：少年中国行活动作品展示*

卢东德（9岁）

指导教师：绵阳市富乐实验小学　王云东

绵阳市富乐实验小学　罗欣

冬天的河畔

冬天的太阳
一天比一天明亮
我伫立在河畔
突然听到了收割机的歌唱
我过去一看
看见繁忙的收割工人
看见甘蔗一棵棵倒在地上
哦 收割是为了来年

* 感谢遂宁市博物馆支持

让河畔再长出新的芽儿
甘蔗林里住的小鸟没有了窠巢
惊慌地飞向远方
一群野鸭在河面上
懒洋洋地晒着太阳
突然发现一条游鱼
猛走赴过去
河面泛起一层层波浪
把冬天的阳光
金子一样
铺在河面上

——2023 年 1 月 7 日　涪江河畔

送春联

今年春节，我参与了不少活动，做了很多事情，其中最难忘的是参与人民公园送福、送春联活动，对了，不是绵阳，是成都的人民公园。活动名称叫“跟着将军送春联”。

参加活动的其他小学生都穿着平常普通的衣服，只有我与我的朋友三宝穿的汉服，所以特别显眼。活动现场五彩斑斓，充满节日的喜庆。我和三宝来得很早，我们俩挨在一排。铺好毡子，摆上砚台、毛笔，再倒上墨水，准备工作就做好了。然后，就去工作人员处领红纸。开幕式后，我们就开始动笔了。

我先写福，我一连写了五种不一样的福，有草书、行书、隶书、楷书、篆书，各种各样的福字放在桌子上，任大家挑选。写完福，我就开始写春联。在我书写的过程中，很多人围在我桌前，有叔叔、阿姨、老爷爷、小姐姐。还有一位阿姨在给我录像，一会儿，她编辑成抖音视频，在手机上放出来了。

我写的春联内容是："赤橙黄绿青蓝紫，东西南北陆海空，七彩中国。"也许人们喜欢这个内容，我写了六副，都送出去了。

活动结束后，回到家里，当天的新闻网上有我的照片，妈妈表扬我，说道："湾湾写字的样子真帅！"爸爸很认真地说："你们这次活动，现场的人为什么川流不息、络绎不绝呢？因为贴福、贴春联和书法都是中国优秀传统文化的一部分，家家户户都喜欢，你能为春节文化尽绵薄之力，全家为你点赞！"

我太开心了，暗暗下决心，今后，我一定坚持练毛笔字，再接再厉，精益求精，把书法写得更棒。

梁宸瑞（10岁）

游金陵（2023年游南京时有感而发）

总序

金陵乃佳城，何谓之也？乃六朝之圣都，中华之重镇。古，有刀笔吏之徒，位秦淮岸谈笑，有贩物之徒，不辞苦而受也。有玩弄刀剑之者，谁如淮阴受跨辱？有帝王及旁臣，坐拥中华之龙脉。现，吾感其宏大，如天间之巨鹏，何因？乃龙脉隆之。吾感其细腻，如婕妤服胭脂。何因？乃茶饭滑之。晓深，见下。

衣

此，乃江南织府之地，康乾南下之所。宫人所用之衣在此织也。民者乎？则自织。巷，青衣、乌衣者多。

食

此，乃江南之中，两江之府。故河江之物甚鲜也。吃乎？虾、蟹、鱼此烹甚好，香烟遮天，自叹必尝。

住

古，有草木之屋，砖瓦之所；现，有钢铁之房，凝土之家。夜，居秦淮畔灯火通明，居金陵郊黑墨遮天。

行

金陵乃河畔之城，所船舰多行此也。陆，同异郡县。

史

此贤帝少，如孟德赞生子，当如此帝，其，乃北府军后首，击桓玄之帝。六朝为孙吴、东晋、刘宋、南齐、南梁与南陈。但各代之寿非长，因贤者稀也。

结语

呜呼胜哉，妙哉也！望古时之圣，通此时之理。

袁碧成（9岁）

指导教师：绵阳富乐学校小学部　刘豪

不是所有的虫子都长翅膀

不是所有的虫子都长翅膀
有些虫子藏在泥土底下不长翅膀
有些虫子藏在水底下不长翅膀

翅膀是虫子的梦想
有些虫子喜欢把梦想表达出来
有些虫子喜欢把梦想藏在心里
一辈子也不长一双翅膀

不是所有的虫子都长翅膀
不长翅膀的虫子悄悄藏着梦想
长了翅膀的虫子就可以飞向远方
不长翅膀的虫子就在梦中飞翔

在梦里它长出了一双
又大又美丽的翅膀

一颗种子

有一天，蚯蚓松土时看到了一颗种子。

蚯蚓问："你是从哪儿来的呀？"种子说："我是从一棵果树上掉下来的。"蚯蚓说 ："那你需要我的帮助吗？"种子骄傲地说："不需要，我自己就能生长。"蚯蚓走了。

雨婆婆来了，雨婆婆说："我需要给你浇水吗？"种子说："不需要，我自己就能生长。"乌云散去，天空恢复晴朗，这仿佛是雨婆婆轻轻挥手，悄然离去，也标志她还要去帮助其他种子。

没有蚯蚓的松土，没有雨婆婆的浇水，没有……没有大家的帮助，种子的生长变得很艰难。

种子后悔了，它感觉很干渴，泥土又厚又硬压在它身上。在它生命尽头的时候蚯蚓和雨婆婆来了，种子说："蚯蚓你可以给我松土吗？"种子又说："雨婆婆你可以给我浇水吗？"蚯蚓和雨婆婆热情地说："当然可以。"蚯蚓说："但你要把以前的观点改过来，任何一种植物的种子，拒绝帮助和合作，是难成长起来的。”种子说：“我明白了！”

多少年以后，这颗种子成功地长成了一棵大树，而且，它也学会经常帮助别的生物，让小鸟在身上筑巢，让苔藓、小蘑菇在身上安家，让开花的紫藤缠绕在自己身上，爬在半空见阳光晒太阳，让小鸡在树下乘凉呢……

包天悦（11 岁）

指导教师：绵阳中学英才学校　左一芹

彩色的河畔

涪江河畔上方
有一颗彩色的太阳
冬日里的太阳
在蓝蓝的河水里格外温暖
好似花开般的太阳
把温馨送给了河水

河水爱着太阳
把五彩缤纷的颜色
映在自己心上
河水跳起了舞蹈
太阳微微含笑

河畔里有一群小鸟
冬日里的小鸟
在镜面梳理着自己的羽毛
小鸟张开它美丽的翅膀
任凭人们欣赏拍照

河岸环抱一座座青山
冬日里的青山
在静静的河水旁
一座座青山是一位位山神
守护着这河畔
它的背影映在江上
是慈爱的祖母的模样

河畔旁边挤满了花草
冬日里的花草
在蓝蓝的河水旁
一丛丛花草
听着风儿的歌谣
在冬日的阳光下撒娇

彩色的太阳给了冬天颜色

给了小鸟白色

给了青山绿色

给了河水蓝色

给了花草五颜六色

哦，太阳，冬日里的太阳

你用爱的颜色

把涪江河畔

绘成色彩斑斓的画卷

姜帧（11岁）

指导教师：绵阳富乐学校小学部副校长　伍高慧

那一刻，我长大了

每一个人总会有一些难忘的成长回忆，我也不例外。而最使我难忘的成长回忆，就是那黄灿灿的枇杷。

还记得那一年，我沉浸在放暑假的快乐中，我和父母趁着闲暇时间，回到老家去看望爷爷奶奶。那一年盛夏，枇杷已经成熟，我独自走在家乡的小路上，路边的果子在阳光的照耀下显得熠熠生辉，让人看了就口水直流。路边一个个黄灿灿的枇杷挂在树上，伸手可得，别提有多诱人了。我不禁心中一阵欢喜。我记得这枇杷树是张奶奶种的，她是一位残疾人，身边没有人照顾，生活十分不便，所以隔三岔五就会有邻居来帮张奶奶煮饭、洗衣，或者来陪张奶奶说说话。“没关系，反正树上有那么多枇杷呢，我摘下一两个谁也发现不了。”我心里这么想着，手不知不觉就伸了上去，摘下了四颗串连在一起的大枇杷，我小心地将枇杷捏在手上，满心欢喜地跑回了家。

回到家，我迅速地把枇杷放在桌子上，洗干净后递给爸爸说：“爸爸，来吃枇杷，可甜了。”“嗯，这是哪来的？”“从张奶奶家的枇杷树上摘的。”我满不在乎地回答。“张奶奶的？你知不知道张奶奶生活十分艰难，这枇杷对她来说是非常重要的！你怎么能偷偷去摘张奶奶的枇杷呢？”爸爸严厉的眼神让我不敢再看他，我感觉到形势不妙，马上老老实实地站到爸爸面前，等待一场暴风雨的来临。

谁知，爸爸心平气和地说：“偷拿别人的东西不是一个好行为，况且张奶奶的生活这么不容易啊！虽然只是四颗枇杷，但也不能没经过别人同意就摘，快给张奶奶还回去。”爸爸的声音虽不高，每一个字却像一条鞭子，抽打着我的心。“爸爸……可是我已经摘下来了呀！没办法还了！”我哀求着。“快去！”爸爸用两个字拒绝了我的请求。

无奈，我只好拿着这四颗枇杷朝张奶奶家走去。路上，它们仿佛有千斤的重量，压着我的心。想到每年枇杷成熟，张奶奶都会招呼我们邻里小朋友吃几个，我实在不好意思面对她。走到张奶奶家，我鼓起勇气敲门进去，道明了事情的原委。张奶奶却没有责怪我，反倒要我把枇杷带回家。我连忙把枇杷放在桌子上，跑出了门。我心里轻松多了，几乎是唱着歌回到了家。

那一刻，我感觉自己长大了。这种长大了的感觉不仅仅来自爸爸对我的教诲，还有张奶奶的宽容。每次在路上看到那棵枇杷树，我都会提醒自己：做一个诚实，懂得体谅别人的孩子。

张怀文（12 岁）

指导教师：成都市铁路中学校　邓晓楠

探寻古蜀文明（节选）

第一章　金沙遗址开华章

——参观金沙遗址博物馆

金沙——古蜀

古蜀文明何处寻？金沙遗址部落群。
文明之变引人叹，祭祀之盛动神情。
金面玉琮太阳鸟，气候制度社会新。
古蜀更迭一梦醒，金沙之行拜先民。

探寻金沙遗址，拜访蜀汉先民。金沙遗址，是位于成都金沙村的一处商周时期的古蜀都城文明遗址。遗址出土了大量密集的象牙，和数量丰富的金器、玉器。金沙遗址的发现，续上了三星堆突然中断的历史，对古蜀文明的研究有重要的意义。

金沙遗址的发现十分地具有戏剧性。当金沙遗址的施工队在金沙村建小区地基时，意外发现了象牙、陶片……等考古队来鉴定后，确认是古蜀文明——金沙文明。

金沙文明有着悠久的历史。与三星堆文化的文物有相似性，但没有城墙，相当于三星堆的最后一期，代表了古蜀文明的一次政治中心转移。它的发现，将成都城市史提前到了3000年前。

步入金沙遗址博物馆，映入眼帘的便是世间独一份的金沙遗址挖掘现场，即遗迹馆。金沙遗址祭祀区是古蜀时期一处专用的滨河祭祀场所，分布面积约15000平方米，年代约当商代晚期至春秋早期，它沿着古河道的南岸分布。古蜀人很可能最初是在河岸上进行祭祀，祭祀仪式结束之后将祭品埋在河滩上，上面用土进行覆盖，下次祭祀仪式之后又将祭品掩埋。经过长约500年的祭祀活动，至春秋早期，河滩基本填平。祭祀区宏大的场面真实体现了古蜀王国雄厚的实力，繁多的祭品承载着先民们丰富的精神世界，精美的文物凝聚着古代工匠非凡的创造力。

在遗迹馆中缓缓穿行，我仿佛看见了古蜀先民在此祭祀的场景。人祭神，神佑人……我看见古蜀国王戴着黄金面具，手拿黄金权杖，指向天际。我还看到太阳神鸟的出世，青铜立人的制造，和文明的兴起。这段失落的历史，揭示了一个沉睡了3000多年的古代文明。

在金沙遗址出土的文物中，有许多外来品种。比如：精美的四节玉琮，出土的玉戈、玉钺等礼器。它们并不是本土的，它们是通过长江这条黄金水道自下而上运输至此的。这也证明了：古蜀文明是中原文化的一个重要组成部分。

走出遗迹馆，阳光刺激了我的眼。天空之下，大地熠熠生辉。沿着金沙遗址的林间小道前进，再穿过摸底河，前方便是存放、展览遗迹馆出土文物的陈列馆。

陈列馆，位于摸底河北，整体建筑呈方形。上下分为地下一层和地上三层。集中体现了金沙时期古蜀先民的生活、生产及其美轮美奂、造型奇特、工艺精湛的器物，还有古蜀文明发生、发展和演变的历史知识的系统介绍。陈列馆共有5个展厅，前4个展厅分别是：第一展厅 远古家园；第二展厅 王都剪影；第三展厅 天地不绝；第四展厅 千载遗珍。其中，“远古家园”再现了3000年前成都平原的生态环境，展示了古蜀人民与大自然和谐相处的画面；“王都剪影”则展示了3000多年前古蜀国的社会生活，1:1复原了古代民居和大量出土文物，反映了当时手工业和铸造业的发达；“天地不绝”的主旨是突出古蜀人“沟通天地”的内容主题，再现古蜀国宗教祭祀的场景；“千载遗珍”主要展示了以“太阳神鸟”金饰为主的 30 余件金沙遗址出土的精华之最的文物；“解读金沙”则讲述了金沙遗址的发现如何解开了三星堆的去向之谜，并为成都找到了历史根源。

金沙遗址博物馆的镇馆之宝是“太阳神鸟”金饰，这是一件极为珍贵的文物，它由四只神鸟围绕着中间的 12 个齿状太阳纹构成，体现了古蜀国黄金工艺的高超技艺。太阳神鸟金饰不仅在中国文化遗产标志中占有重要地位，同时也是成都市的城市形象标识核心图案。

金沙遗址，不仅有遗迹、场馆，还有乌木林、鹿群。

乌木，又称阴沉木、碳化木，是由埋入淤泥中的部分树木在缺氧、高压状态下，经过数千年甚至上万年的炭化过程而形成的。它不仅是树木的碳化形态，而且因其独特的形成过程和特性，被誉为“东方神木”和“植物木乃伊”。

在金沙遗址博物馆中，乌木林位于东南角。这片乌木林是由金沙遗址以及成都地区出土的六十多根巨型乌木组成的，其存在不仅证明了四川自古以来就拥有良好的生态环境，而且还反映了四川古代气候的变迁历程。乌木因大自然的神奇造化，其形千奇百怪，具有永不褪色、永不腐朽、永不生虫的特质，是制作艺术品的理想之材。

金沙遗址曾是一片森林密布、动植物繁多的土地，其中也包括了大量的梅花鹿。这些鹿角遗存证明了古蜀时期的生态环境非常好，动植物种类丰富。在金沙遗址出土的文物中，有大量的鹿角遗存，这表明古蜀人对鹿有着特殊的崇拜。鹿在古蜀文化中不仅是美的象征，还代表着富贵、长寿和吉祥。

在金沙遗址，我看见了虔诚的祭神者，纯朴的农夫，孤独的诗人，君临天下的君主……

在金沙，青林翠竹，沐浴朝阳。欣赏遗址旁的美景，享受绿荫下的清凉。在这里，时空可以连通，与先民交流不再是梦。

古蜀文明，何等辉煌。青山险地，人民饥荒。农民勤恳，不再迷茫。王朝建立，展露锋芒。手握权杖，天下称皇。不见北斗，也闻天罡。天地正气，其色玄黄。古蜀文明，已为过往。金沙遗址，再现荣光！

第二章　省博先民可擎苍

——参观四川博物院

四川博物院——古蜀

上古之蜀先人聚，火起石器无人济。

食良祭神成两国，一巴一蜀川人齐。

秦入城、水皆得建，自此蜀地入中原。

三分天下蜀汉及，至晋大乱战无年。

四川博物院是位于成都市青羊区浣花南路 251 号的综合性博物馆，是四川省的重要文化场所之一，拥有丰富的文物收藏。以下是关于四川博物院的详细介绍。四川博物院是一所具有地方特色的综合性博物院，初建于 1940 年，时称四川博物馆。1950 年底，更名为川西博物馆，1952 年定名为四川省博物馆，2009 年 3 月经上级主管部门批准，正式更名为四川博物院。

四川博物院现收藏、征集馆藏文物共计 35 万余件，其中珍贵文物达 7 万余件。这些文物不仅数量众多，而且种类丰富，包括青铜器、瓷器、纺织品、金银器、陶器、唐卡等。这些文物反映了四川地区悠久的历史和灿烂的文化，是研究四川乃至中国历史文化的重要实物资料。

走进古蜀的殿堂，感受青铜的魅力。只见，那青铜大鼎，龙饰环绕，散发金光。再看另一个铁壶，其上刻有图画，画中人影交错，如临沙场。

再向前走，便见远古四川的第一单元——“走出洪荒——旧石器时代”。第一单元以川西高原手斧、资阳人头骨化石（复制品）等珍贵展品为主，展示出数十万年前到数万年前远古人类在四川盆地的生存图景。展厅内还通过场景复原表现了远古人类逐水而居、以洞穴为家的生活习性。

第二单元重点展示这一时期四川文化面貌的丰富和复杂，并通过场景复原集中表现了四川盆地史前先民的生产生活。新石器时代，不同文化背景的族群跋山涉水，在盆地周边形成了多个各具特色的文化圈，最终不同的文化汇流在成都平原，酝酿出文明的曙光——宝墩文化。

第三单元主要讲述了新石器时代晚期，不同的文化在成都平原汇聚后，适应了平原气候温润、物产丰饶的自然条件，进而文明进程加快，形成了庞大的古城址群——宝墩文化古城址群。

走出远古四川，下一个场馆便是古代四川。

展览区分为三层，第1层设有四川汉代陶石艺术展、多功能厅会议接待室；第2层为巴蜀青铜器展厅、陶瓷精品展厅、书画馆、张大千作品展；第3层是藏传佛教文物馆、万佛寺石刻馆、四川民族文物展、工艺美术馆、百年四川馆。

再往上有古蜀之地隋唐时期的展厅。此中佛像林立，梵音阵阵，端庄肃穆，无比威严。无不彰显着佛教的兴盛和文明的璀璨。再看古成都城，风和日丽，晴空万里。

先成聚，后成邑，再成都。故名成都。

来到近现代历史所在的场馆。民国时期，四川曾经历过多次战乱，其中包括红军长征等重大历史事件。这一时期，四川的经济文化受到了一定程度的影响。

在抗战期间，成都作为大后方之一，经济发展和社会结构发生了显著变化。大量的人口涌入，导致城市规模迅速扩大，同时也带来了文化和教育的发展。

了解了成都在抗日战争中的重要性后，我们看到了新中国建立后的四川。

中华人民共和国成立后，成都是西南地区的重要城市，也是国家重要的高新技术产业基地、商贸物流中心和综合交通枢纽。城市规模和经济实力不断提升，同时，成都也注重历史文化保护，明蜀王陵等历史遗迹得到了有效的保护和利用。

新中国成立后，四川经历了较大的政区变动。1997 年，四川与重庆分治，原重庆市、万县市、涪陵市和黔江地区划归重庆直辖市。改革开放后的四川，市场繁荣，已成为中国西部的经济大省。

如今的四川是中国西部的重要经济中心，拥有丰富的自然资源和悠久的文化传统。四川现辖一个副省级的成都市和多个地级市及自治州，省会成都市。四川不仅是多民族聚居的地区，还是中国重要的冶铁、丝织中心。

四川的近现代历史是一部充满变革和挑战的历史。从民国时期的战乱到新中国成立后的复兴，再到改革开放后的繁荣发展，四川始终保持着顽强的生命力和坚韧不拔的精神。今天的四川，已经成为了一个经济繁荣、文化多样、民族团结的美好家园。

山水蓝天，古蜀人间。天府之境，逍遥胜仙。蹉跎岁月，今夕何年？君王勤政，农民耕田。

第三章　杜甫草堂清水淌

——参观成都杜甫草堂博物馆

草堂行——古蜀

心存山河怀祖国，胸有天下为民折。

万卷已破踏江山，十期未至读古经。

可怜未举乱先发，颠沛流离苦天涯。

草堂遂建成都定，波涛滚滚祭江沙。

杜甫草堂，在四川博物院的旁边。

其中古树繁密，清水缓缓流淌。

杜甫草堂，是中国唐代伟大现实主义诗人杜甫流寓成都时的故居，位于四川省成都市青羊区西门外的浣花溪畔。公元 759 年冬天，杜甫为避“安史之乱”，携家入蜀，在成都营建茅屋而居，称“成都草堂”。杜甫先后在此居住近四年，创作诗歌流传至今的有 240 余首。

园林是非常独特的“混合式”中国古典园林。其中大廨、诗史堂、工部祠 3 座主要纪念性建筑物，坐落在中轴线上，幽深宁静。草堂占地面积近 300 亩，完整保留着明弘治十三年（公元 1500 年）和清嘉庆十六年（公元 1811 年）修葺扩建时的建筑格局，建筑古朴典雅、园林清幽秀丽，是中国文学史上的一块圣地。1955 年成立杜甫纪念馆，1985 年更名为成都杜甫草堂博物馆。

大雅堂展览大幅壁画《茅屋为秋风所破歌》《兵车行》以及屈原、陶渊明、李白、王维、苏东坡、李清照、陆游等十二位诗人的雕像。工部祠展览馆的中文部，陈列着中国从宋代以来历代出版的各种杜甫作品的刻本和铅印本；展览馆的外文部，陈列着杜甫作品的各种文字的翻译本。

进入遗迹，三井鼎立。文物有杜甫与其妻子下棋的棋子，还有石破天惊碑……出了大堂，走上小道。向着杜甫的茅草屋走去。

草堂风情，人间仙境。

公元 760 年春，在友人的帮助下，杜甫在成都西郊风景如画的浣花溪畔修建茅屋居住。公元 761 年春，茅屋正式落成，称“成都草堂”，杜甫在此居住了近 4 年，在此期间，杜甫共作诗 240 首，是其创作的高峰。他的诗“万里桥西一草堂，百花潭水即沧浪”（《狂夫》）中提到的便是成都草堂。草堂里流水萦回，小桥勾连，竹树掩映，显得既庄严肃穆、古朴典雅而又幽深静谧、秀丽清朗。

在草堂居住期间，杜甫过起了惬意的田园生活，也是其颠沛流离的一生当中少有的悠闲时光，“两个黄鹂鸣翠柳，一行白鹭上青天”，“好雨知时节，当春乃发生”都是在草堂期间的创作，这些诗句不同于以往沉郁顿挫的创作风格，显得清丽明快，可以见得杜甫当时的心情也是十分满足愉悦的。但美好的日子总是短暂的，765 年，他的好朋友严武病逝，失去唯一依靠的杜甫只得携家带口告别成都，两年后经三峡流落荆、湘等地。

如今，成都杜甫草堂博物馆中的茅屋建于 1997 年，虽已非茅屋原貌，但其本身和周边环境皆按照杜甫诗歌里记载的样子复原，是博物馆的核心景点。茅屋是传统川西民居的模样，书房朝西，与“窗含西岭千秋雪”相符；一棵有着 200 多年树龄的楠木伫立屋前，应和了“倚江楠树草堂前”的诗句。屋前空地上一边种着当季蔬菜，一边种着黄精、麦冬、菖蒲等中药材，周围有桃树、枇杷、芭蕉……这些都能在杜甫的诗文中找到出处。

杜甫曾作《茅屋为秋风所破歌》：“八月秋高风怒号，卷我屋上三重茅。茅飞渡江洒江郊，高者挂罥长林梢，下者飘转沉塘坳。南村群童欺我老无力，忍能对面为盗贼。……自经丧乱少睡眠，长夜沾湿何由彻！安得广厦千万间，大庇天下寒士俱欢颜！风雨不动安如山。呜呼！何时眼前突兀见此屋，吾庐独破受冻死亦足！”

第四章　武侯为民呕心肠

——参观成都武侯祠博物馆

武侯之风——古蜀

昭烈皇帝三顾侯，侯甚感激为军谋。
三分天下蜀汉立，百姓万死君王愁。
可怜诸葛呕心血，何处不敢擒贼头。
鞠躬尽瘁时未候，武侯遗风万世留。

成都武侯祠，坐落于成都市武侯区。是中国唯一的君臣合祀祠庙。

来到武侯祠，映入眼帘的却是“汉昭烈帝”的四字牌匾。进入祠中，右侧便是著名的唐碑，成都武侯祠的唐碑三绝是指碑文、书法和刻工三方面都达到了极高的艺术水平，因此被誉为“三绝碑”。这三绝分别是：文章绝、书法绝、刻工绝。唐碑的碑文由唐代著名宰相裴度撰写，他以高度的文学修养和深邃的历史眼光，赞颂了诸葛亮在治国上的杰出才能以及他本身的崇高品德。唐碑的书法由唐代著名书法家柳公绰书写，他的字体端肃浑厚，造型严谨，是唐代楷书中的典范。唐碑的刻工由唐代蜀中名匠鲁建完成，他的刻工精湛洒脱，刀法刚劲有力，准确再现了书法作品的原貌。唐碑三绝不仅是书法艺术的瑰宝，更是历史文化的见证。它见证了诸葛亮在中国历史上的重要地位，以及人们对这位蜀汉丞相的深深敬仰。同时，它也反映了唐代文化的高度成就，以及当时社会对于文化和艺术的重视。

唐碑对面，竖立着明碑和清碑。

明碑刻立于明嘉靖二十六年（1547 年），由当时的四川巡抚张时彻撰文。张时彻不仅是一位政治家，还是一位文学家，他在碑文中详细介绍了武侯祠的历史沿革和刘备的奋斗历程。

走进第二道大门，里面有一座高大的殿堂。正中央竖立着刘备（汉昭烈帝）的雕像。它的左侧是一桩朽木。据说这里原来有后主刘禅的雕像，但因他在邓艾大军来临时，毫无一国之君的气节，反而想着投降，"朽木不可雕也"，于是便换成了一桩朽木。刘备雕像的右侧是刘备之孙刘谌的塑像。刘谌是刘禅的第五子，封为北地王。在魏国邓艾军队进逼成都时，他苦谏父亲，同来敌决一死战，与国家共存亡。但刘禅不听。他悲愤已极，去祖庙哭诉后，先杀妻子，而后自杀。

刘备旁边的两侧偏殿，是关羽像和张飞像。左侧偏殿中是张飞及其儿孙雕像；右侧偏殿中则是关羽、其子、其部将的雕像。

穿过刘备殿，走下一段下行台阶，才是武侯祠。诸葛亮殿高悬“名垂宇宙”匾额，正殿中供奉着诸葛亮祖孙三代的塑像。殿堂宏敞开朗，殿的两角峙立着高大的钟楼和鼓楼；两侧分别有陈列室，陈列室的回廊与过厅连接，形成一座以殿宇为主体的四合院落。殿内正中有诸葛亮头戴纶巾、手执羽扇的贴金塑像，像前的三面铜鼓相传是诸葛亮带兵南征时制作，人称“诸葛鼓”。

穿过诸葛亮殿，其后是一个广场，广场后就是刘关张三人合在的三义庙。三义庙是为纪念刘备、关羽、张飞三位义士而建。其忠义、道义、仁义的忧国大义，代表了三国文化的精髓——儒家文化和军事文化的典型结合。在拜殿内看正殿，有“神圣同臻”匾，赞赏刘、关、张三义士都达到神圣的境界。正殿内刘备塑像，与前面汉昭烈庙中刘备身着帝王冠袍带履的形象不同，三义庙中刘关张的塑像皆穿着布衣，这体现了他们桃园结义时还是平头百姓，后来建功立业。

返回广场，向左穿过小河，就来到了成都武侯祠的红墙。这红墙竹影，韵味十足，鲜艳的红色和翠竹的绿搭配起来相得益彰。晴天时，阳光透过竹林照射到红墙上，竹影摇曳，唯美纯净，别有情趣；下雨天，滴着雨水的竹叶和深红的墙壁也是拍照的理想背景。这里的红墙是围绕刘备陵寝修建的，蜿蜒曲折，两道红墙之间形成了一条三四米宽的走道，大片竹子升向天空，高出红墙很多，遮住了大部分阳光，即使炎热的夏季，微风拂竹，走在这里也会有丝丝凉意，偶尔会听到鸟儿清脆的叫声，诗情画意油然而生。

武侯遗风，千年流传。

第五章　天府成都仙乐堂

——参观成都博物馆

成都之馆

日光烈，夏风吹。入馆览物不愿归。
鲁迅作，百年传。借笔救国似不累。
观近代，川人魂。抗日救亡山河存。
日军不得土地寸，核弹得投毁两城。
还见那蜀汉之政，不悔那救亡图存。
待成聚成邑成都，也尊天尊地尊人。

成都这座城市在 4500 年前就开始逐渐形成并发展起来，拥有令人惊艳的历史文化。成都博物馆详细介绍了成都这座古城的前世今生，馆内藏品丰富，既有 4000 多年前的陶器也有 3000 多年前的战国船棺，还有汉代的画像砖、古石刻、陶俑等。

古蜀国在四川盆地长期存在，前 2500—前 1700 年为宝墩文化（蚕丛—柏灌时期）；前 1700—前 1200 年为三星堆文化（鱼凫时期）；前 1200—前 500 为金沙·十二桥文化（杜宇时期）；前 500—前 316 年为晚期蜀文化〔鳖灵（开明）时期〕；前 316 年被秦国所灭。

由于二楼的参观游客太多，我便先上了三楼参观。

在成都博物馆“鲁迅的艺术世界——北京鲁迅博物馆馆藏文物展”中，陈列着许多鲁迅的书信和诗稿真迹，体现出他日常生活中温情而风趣的一面。

进入馆中，先看到的是一排排鲁迅先生收集的版画。

展览呈现了鲁迅先生的爱好广泛，从手绘到设计，从绣像到版画，从理论研究到出版画册，他十八般“文艺”样样精通，更积极倡导新兴木刻版画运动，被誉为“中国新兴木刻版画之父”。鲁迅先生的性格多面，在展出的书信手稿里，他收起了惯常的辛辣，流露出温情与柔软、轻松与幽默。鲁迅先生的收藏丰富，他将古代石刻艺术之美运用于现代艺术设计。

参观鲁迅博物馆可以让人深入了解鲁迅先生的生平和成就。馆中按照时间的顺序，通过手迹、图片和照片展示了鲁迅先生从少年时到为中华民族开出一服救世的文化药方的历程。此外，鲁迅博物馆还保存了鲁迅先生的故居，其中的每一件物品都保持着当时的样子，让人仿佛能够感受到鲁迅先生的生活气息。在鲁迅博物馆的展览中，观众可以看到鲁迅先生生前写的日记、手稿、书籍等原创作品。这些展品不仅是鲁迅先生文学成就的见证，也是了解他思想变化和创作过程的重要资料。

“花重锦官城：成都历史文化陈列（民俗篇）”位于成都博物馆 4 层。陈列分为街巷、饮食、游赏、茶馆四大板块。

19 世纪中叶以后，中国社会经历了前所未有的社会大变局，成都在其中扮演了不可替代的角色：保路运动的重要策源地、抗战大后方的战略重镇、解放大西南的主要战场。这三座丰碑，将永载近代中国的百年史册。

在四楼的博物馆中，我还见到了四川军阀的介绍。

刘文辉是 20 世纪四川、西康的省主席，陆军上将，24 军军长，川康绥靖公署副主任。蒋介石因刘文辉两次通电反蒋，不惜手段暗中发动“二刘战争”，通过战争来削弱刘文辉的军事力量，最终达到消灭刘文辉的目的。但刘文辉最终走向光明，他的起义打乱了蒋介石“西南决战”的部署，促使蒋家王朝的覆没之日提前。

走出了4楼的博物馆，我们便乘电梯来到了2楼。走入2楼的博物馆，看见的全是古代蜀地的文物。这里主要展示了先秦到南北朝时期成都平原上的人的生活，还有让人捧腹大笑的东汉陶俑。这里还有一个有趣的放映厅，里面播放了许多关于古蜀王城、古蜀历史的影像。同时还有诗词挑战、答题等等“游戏”。

第八章　窑址永陵文化殇

——参观成都隋唐窑址博物馆、永陵

成都隋唐窑址博物馆与永陵之行——古蜀

黑白青瓷皆自炉，采泥捡土把釉涂。
炉火纯青瓷入早，艺品精美陶不输。
圆包永陵非粪土，王建蜀王胸有图？
其身在陵带入馆，印象权传二世无！

成都隋唐窑址博物馆是一个充满历史韵味和文化魅力的地方。走进博物馆，仿佛穿越了时空，回到了过去的岁月，回到了那个窑火旺盛的年代。馆内陈列着各种各样的窑址文物，让人目不暇接。博物馆的建筑风格古朴典雅，与周围的环境融为一体。

隋唐窑址博物馆因制瓷兴盛于隋唐而得名，又因古窑遗址地处古道观青羊宫以北，故名青羊宫窑址。

首先映入眼帘的是窑炉遗址。眼前的窑炉虽然已经不再燃烧，但依然能够感受到当年的热闹与繁忙。想象着工匠们在这里辛勤劳作，将泥土变成精美的瓷器，心中不禁对他们充满了敬佩。

望向左侧，展览厅就在眼前。里面陈列着各种精美的瓷器。这些瓷器造型各异，有的线条流畅，有的图案精美，无不展现出古代工匠们高超的技艺。

走进展览厅的第一展厅，来为我们解说的是一个小朋友。首先映入眼帘的是一组精美的青瓷展品。这些青瓷造型古朴典雅，釉色温润如玉。其中一件青瓷盘，盘口微微外撇，盘底平整，釉层均匀，色泽青中带绿，仿佛蕴含着大自然的生机与活力。其线条流畅，比例协调，展现出当时工匠高超的技艺和独特的审美。再往前走，是一排白瓷展品。一件白瓷碗格外引人注目，碗壁轻薄，透光性良好。其釉色洁白如雪，毫无瑕疵，给人一种纯净无瑕的感觉。碗的造型简洁大方，口沿圆润，体现了实用与美观的完美结合。还有一件黑瓷罐，罐体饱满，线条硬朗。黑釉深沉浓郁，光泽内敛，具有一种神秘的魅力。罐身上的装饰简洁而富有韵味，寥寥几笔勾勒出独特的图案，增添了艺术感。在展厅的一角，陈列着一组具有特色的陶瓷雕塑。这些雕塑形象生动，栩栩如生。有一尊仕女雕塑，姿态优雅，面部表情细腻，服饰的纹理清晰可见，仿佛在诉说着那个时代的故事。此外，还有一些陶瓷器具，如茶壶、花瓶等，它们各具特色，从不同角度展示了隋唐时期陶瓷制作的精湛工艺和丰富的文化内涵。

这里的各种窑具和半成品，让我感受到了古代工匠们的精湛技艺和辛勤劳作。那些古老的窑炉模型，仿佛还散发着昔日的烟火气息，诉说着曾经的辉煌。

第二个展览厅，为我们介绍的又是另一个小朋友，大概才十岁。这里陈列着众多精美的陶瓷展品，每一件都承载着历史的厚重与文化的传承。首先映入眼帘的是一件造型独特的青瓷瓶，其釉色温润如玉，线条流畅自然。瓶身的装饰简洁而不失优雅，仿佛在诉说着古人对美的独特理解。再看旁边的一件白瓷碗，洁白无瑕的釉面散发着柔和的光泽。碗的造型规整，口沿圆润，体现了当时高超的制瓷工艺。仔细观察，碗壁上还有精美的刻花，细腻的线条展现出工匠的精湛技艺。还有一件黑瓷罐，其深沉的色泽给人一种神秘的感觉。罐身的造型饱满，肩部线条有力，展现出一种雄浑的气势。罐体上的纹饰简约而富有韵味，让人不禁想象它在古代生活中的用途。在这个展厅中，还有一些陶瓷人物塑像。这些塑像栩栩如生，人物的神态和动作刻画得十分细腻。有的手持书卷，仿佛在沉思；有的面带微笑，似在与友人交谈。它们生动地反映了当时社会的生活场景和人们的精神风貌。此外，还有一些陶瓷动物造型的展品，如骏马、瑞兽等。这些动物形象逼真，姿态各异，展现了古代工匠丰富的想象力和创造力。

第二个展览厅里，还有用模型演绎的陶器制作的全过程：准备原料、淘洗（可省略）、制作坯体、成型、干燥、修整和修补、烧制、装饰和上釉（可选）。

参观完第二个展览厅，另一位小导游又领着我们上楼，去第三个展览馆。

走入第三个展览馆，首先映入眼帘的是一组精美的青瓷作品。这些青瓷造型优美，线条流畅，釉色温润如玉。其中有一件青瓷花瓶，瓶身修长，瓶颈纤细，瓶腹圆润，上面刻有精美的花卉图案，仿佛是大自然的生动写照。据说，这种青瓷的烧制工艺在当时达到了相当高的水平，反映了工匠们的精湛技艺和对美的独特追求。再往前走，是一排排列整齐的黑瓷。黑瓷的色泽深沉而神秘，给人一种庄重的感觉。其中有一个黑瓷碗，碗口宽阔，碗底厚实，碗身的黑色釉质均匀而光滑，在灯光的照耀下散发出独特的光泽。据介绍，黑瓷的烧制难度较大，需要严格控制窑内的温度，才能达到理想的效果。在展厅的一角，摆放着一组陶俑。这些陶俑形态各异，有的是人物形象，有的是动物形象。其中一个人物陶俑面带微笑，姿态优雅，仿佛在向人们展示当时的生活场景。而动物陶俑则栩栩如生，有骏马奔腾的姿态，有小狗嬉戏的活泼，生动地反映了当时人们与动物的和谐相处。还有一些瓷器上绘制着精美的图案，有山水风景，有人物故事。这些图案线条细腻，色彩鲜艳，仿佛是一幅幅微型的画卷。通过这些图案，我们可以想象到当时人们的生活情趣和审美观念。

在博物馆的一角，还有一个互动体验区。在这里，游客可以亲手尝试制作瓷器，感受泥土在手中逐渐成型的奇妙过程。虽然我没跟着做（人数条件不满足），但我仍然想要自己尝试制作陶器，甚至瓷器。

那些精美的瓷器不仅是艺术品，更是历史的见证者。

永陵，前蜀开国皇帝王建之墓。是中国历史上重要的陵寝建筑群，承载着丰富的历史文化内涵。

永陵是皇帝生前所建，规模宏大。

王建——墓主人，他的塑像：一顶官帽下是一张忠诚的脸。他腰佩利剑，双手紧握着一本即将呈上的奏折。这是在二十世纪七十年代永陵地宫中发掘出来的，是无价之宝。

两扇木质红底、饰有灌金铜门钉的大门内便是第一室。走进大门，顿时，一种庄严、宏大、神秘的感觉传遍了全身。那高大的圆形墓顶全是一块块坚硬的石头垒成的。这地宫，也就是一座地上的陵墓。

进入第二室，最引人注目的就是王建棺床。这座棺床是由一百多块大理石板铺面，四周雕有花草、龙纹，还有享誉海内外的“二十四伎乐图”。我细看它们，只见个个都栩栩如生，有弹琵琶的，有击鼓的……

为了表示这棺床的沉重，工匠们只雕出了大力士的上半身，表示出倍感吃力的场景。

在第二室的最后有着一口大锅。哦！这不是锅，而是王建墓中点长明灯用的油缸。

跨过又一道门坎，进入第三室，这里是王建生前所用御床仿建的石床。工匠们把它雕刻得活灵活现，连手、肘、膝绷紧处，以及被靴支起的衣摆等，都被惟妙惟肖地刻画出来了，可见当时的石雕艺术已达到了很高的程度。这石像也是国中之宝呢！哇，玉块上的这只小玉兔真可爱。不过为什么不是通常见到的龙，而是一只小兔子？原来蜀王王建生于兔年，又恰好在兔年登基。

永陵公园，就在王建墓的旁边。公园中有着永陵博物馆。王建（公元 847—918 年），字光图，许州舞阳（今河南舞阳西北）人。青少年时代，他屠牛盗驴，贩卖私盐。但他聪明果敢，极善投机，生逢乱世乃适得其所。他因在战乱中保护狼狈出逃四川的唐僖宗有功，从一个神策军将领，逐渐崛起。他利用唐昭宗讨伐企图抗衡朝廷的西川节度使陈敬瑄之机，扩充自己的势力，任剑南西川节度使，后被昭宗封为蜀王。公元 907 年，朱全忠代唐建后梁，王建看时机成熟，便在四川称帝，国号大蜀，史称前蜀，定都成都。

王建比较注意招揽人才，劝课农桑，为西蜀的安定富裕和文化繁荣打下了良好的基础。公元 918 年，王建病逝，葬于永陵。

永陵封土为圆形，现直径 80 余米，高 15 米。陵台之外，每隔二米半或一米半筑砖基一道，共 3 道，似为陵垣遗迹。正面第一、三道砖基之间，建包砖夯土墩 1 对。

墓室建于陵台之下，南向，无墓道，全长 30.8 米。以 14 道红砂岩砌筑的拱券为骨架，券间铺以石板和券石，石板表面次第涂抹细泥、白垩，其上再施彩。券顶天青色，壁面朱色。中室（第二室）中央偏后有须弥座石棺床，上置棺椁，棺床两旁列有托棺床的 12 神半身透雕石像，石像均顶盔贯甲，孔武肃穆。后室建石床，称为“御床”，床上置墓主之圆雕像及谥册、玉哀册、谥宝等法物，墓主雕像头戴折巾，身着袍服，浓眉深目，隆准高颧，薄唇大耳，神态威严而慈祥，与史籍所载相符。

永陵最珍贵之处在于棺床四周或舞或奏的乐伎浮雕，这些乐伎位于棺床东西南三面，共 24 人，其中舞者 2 人，奏乐者 22 人，姿态有别，表情各异，操着琵琶、拍板、筚篥、笙、箫、笛、鼓、吹叶等，弹击拍吹各种乐器，共 20 种 23 件，组成一个完整的宫廷乐队。棺床乐伎服饰华丽，面貌丰腴圆润，而作为抬棺的 12 神更是逼真异常，神态沉着勇猛。12 神和 24 乐伎的石刻是杰出的，也是五代十国时期少见的艺术精品。伎乐的舞伎是 2 个主像，做挥袖对舞的姿态，给人以委婉柔和的优美之感。12 神的面部表情和肌肉紧张部分，运用夸张手法，十分恰当。肘和手腕的粗硕和雄健，似把全身力量都集中上来做重大抬扶，更巧妙地借面部嘴巴的种种特殊动作，把 12 神表现得丝毫无雷同之处，而这种意匠经营，只有很高艺术修养和技巧才能办到。

在中国古代史上，平民出身的皇帝可谓凤毛麟角，五代时前蜀皇帝王建就是其中之一。抗战时发现的王建永陵出土了一尊石像，与史书中的王建本人形象非常相似。专家们断定，这尊国宝级石像就是王建本人。而在此前，从未在帝陵中发现帝王本人的石像。

王建一生，历经波折，从平民到皇帝，其功绩不可磨灭。他的永陵不仅是一座陵墓，更是历史的见证，艺术的瑰宝。

蜀王王建永陵葬，天府之国胜苏杭。世世代代传蜀习，安居乐业何民殇？

第九章　三星闪耀青紫芒

——参观三星堆博物馆

三星堆博物馆，坐落于四川广汉这片历史悠久的土地上，宛如一座时光隧道，连接着古蜀文明与现代世界。自上世纪八十年代以来，三星堆遗址的惊世发现不断刷新我们对古代文明的认知。今天，我怀着无比激动的心情，踏上了探访三星堆博物馆的旅程，期待揭开那段尘封已久的历史篇章。

步入博物馆的大门，首先迎接我的是庄严肃穆的综合馆。馆内陈列着琳琅满目的石器、金器和青铜器，每一件文物都仿佛在低语，诉说着古蜀文明的辉煌与神秘。其中，最为引人注目的莫过于那棵巍然矗立的“通天神树”。这棵青铜神树不仅展现了古蜀人的精湛工艺，更象征了他们对宇宙和生命的深刻理解。在三星堆众多的青铜雕像群中，青铜大立人像是一个极具代表性的文物（镇馆之宝）。这尊大立人像以其服饰、形象和体量等方面的特点，被视为青铜雕像群中的“领袖”人物。它是目前世界上同时期体量最大的青铜人物雕像。综合馆中央陈列的大型青铜通天神树是博物馆的“镇馆之宝”之一。这株是世界上体量最大的古代青铜器之一，树上有大量复杂、神秘的装饰元素，体现了古蜀人对自然崇拜的独特视角。青铜纵目面具是三星堆出土的众多青铜面具中最引人注目的一个，它的造型奇特、威风，是古蜀文明中知名度最高、最具神秘感的器物之一。在综合馆中还可以看到金面铜人头像，古蜀人以金为尊，在出土的 57 件青铜人头像中，戴金面罩者仅有 4 件，这反映出当时社会等级制度的严格划分。

离开综合馆，我步入了充满神秘色彩的青铜馆。这里展示的各种青铜器，形态各异，栩栩如生。人头像、人面像、立人像……每一件青铜器都凝聚着古蜀国工匠的智慧与心血。“三星永耀——神秘的青铜王国”即为青铜器馆，通过连续递进的场景组合，全面系统地展示三星堆阵势雄浑威赫森严的青铜雕像群及一批造型神秘诡谲的古蜀青铜神品重器。三星堆青铜器以其精湛的工艺和独特的形象而闻名。在青铜器馆中，可以看到各式各样的青铜器，包括青铜人首鸟身像雕塑、铜质浮雕背屏、青铜面具、神巫群像、祭祀大典、青铜大立人以及宗庙神器等。这些展品不仅反映了古蜀先民的精神追求，也展示了他们对自然和神灵的崇拜。青铜器馆共有六个展厅，每个展厅都有其特色。第一展厅是“铜铸幻面，寄载魂灵——奇秘面具”，专门展示不同类型的面具和眼形器。第二展厅是“赫赫诸神，森森群巫——神巫群像”，展示三星堆出土的神巫群像。第三展厅是“皇天后土，人神共舞——祭祀大典”，展示古蜀时期的祭祀仪式。第四展厅是“群巫之长——矗立凡间，沟通天地”青铜大立人。第五展厅是“千载蜀魂——奇绝的宗庙神器”，展示了十件宗庙神器。第六展厅是“心路历程——三星堆考古录”，介绍了三星堆的发现与发掘历程以及一些关于三星堆的未解之谜。

透过这些精美的艺术品，我仿佛看到了那个时代的生活场景和社会风貌。

三星堆的谜团：三星堆遗址是中国古代的一个神秘遗址，其独特的太阳轮、金权杖和神秘人物特征引发了无数的猜想与探究。有大胆猜测认为三星堆的建造者或许并非凡人，而是来自遥远宇宙的外星文明。失落在时间长河中的外星记载。

周颖晨（10岁）

指导教师：成都市石笋街小学　袁野

游北海公园

早就听说北海公园风景秀丽，如诗如画，闻名世界。趁着假期，我来到北京，饱览了一番这里的风光，只能说让我流连忘返，赞美不已。这里真是百闻不如一见啊！

从南门一进来，映入眼帘的是山清水秀的皇家园林景象。春风轻拂，湖水在阳光照射下波光粼粼，如碎银般闪烁。湖面偶尔还会冒出几只戏水的小鸭子在嬉戏打闹。定睛细看湖底，成群结队的大鲤鱼在水中穿梭，好似一群舞者，那舞姿优雅柔美。抬头望向湖边一排垂柳，宛如绿色的屏风将此地与世隔绝。这些景物将琼华岛绘画得有声有色，使被环绕在湖中心的琼华岛犹如一颗翠绿的宝石镶嵌其中，更显湖光山色之美。

沿着永安桥一直走，就来到了琼华岛。琼华岛上的树木密密层层，郁郁葱葱。鸟儿穿梭其间，为这春日的序曲增添了悦耳的旋律。岛上的道路两旁古树参天，空气中弥漫着淡淡的松香。我们经过静谧的永安寺和法轮殿，再沿着石阶一路攀登，终于站在白塔脚下。抬头近观白塔，通体洁白如玉，犹如一尊圣洁、精美的白玉瓶。登高远眺，整个北海公园尽收眼底：微风吹落的片片花瓣错落有致地停在楼阁上，形成了一幅优美的春日画卷。

我们从琼华岛北侧下来，唱着“让我们荡起双桨”，沿着林荫道往前走，就来到了著名的九龙壁。长方形的石壁有正反两面，表面用琉璃砖瓦镶嵌着七彩飞龙，在云中翻腾怒吼，色泽鲜艳，形态逼真，令人叹为观止！阳光照射在琉璃砖瓦上，反射出五彩斑斓的光芒，更增添了九龙壁的神秘与庄重。

北海公园的风景真是令人陶醉！这里如诗如画的美景深深印在了我的脑海中，永远都不会褪色。